Jill A. Moebius – Die unglaublichste Reise meines Lebens

Jill A. Moebius

DIE
UNGLAUBLICHSTE
REISE
MEINES
LEBENS

Gespräche mit Christus und Gott

EICH-VERLAG

Bibliografische Information der Deutschen Nationalbibliothek

Die Deutsche Nationalbibliothek verzeichnet diese Publikation
in der Deutschen Nationalbibliografie; detaillierte
bibliografische Daten sind im Internet über www.dnb.de abrufbar.

1. Auflage 2014
© 2014 Thomas Eich-Verlag, Werlenbach
Alle Rechte vorbehalten

Umschlaggestaltung: Andrea Barth, Agentur Guter Punkt, München
Grafiken im Innenteil: Katja Braasch, Westerstede
Satz: Thomas Eich, Werlenbach
Druck und Bindung: CPI Books GmbH, Leek
Printed in Germany

Besuchen Sie uns auch im Internet:
www.eich-verlag.de

ISBN 978-3-940964-22-9

Wenn wir mit Gott reden,
wendet sich das kleine, begrenzte Selbst
dem Göttlichen zu, und der Mensch
wird sein Spiegel.

INHALT

Einleitung

Wahrscheinlich hat er es die ganze Zeit gewusst. Dass wir uns doch eines Tages begegnen würden. Und zwar von Angesicht zu Angesicht.

Das allerdings hatte ich für völlig ausgeschlossen gehalten.

Bisher.

Ehrlich gesagt, konnte ich mit Christus nichts anfangen. Weder mit ihm noch mit Gott. Das war einfach Tatsache. Sie beide waren für mich Konzepte, vage Vorstellungen ohne triftige Basis. Weder der Religionsunterricht in der Schule noch die Konfirmation hatten mich innerlich erreicht. Später, als ich weder zu Gott noch zur Bibel noch zu jenem sagenhaften Jesus Zugang fand, legte ich das Ganze mit dem Gedanken »Das ist nichts für mich« endgültig ad acta.

In den nächsten zwei Jahrzehnten verschlang ich zahlreiche spirituelle Bücher und besuchte unzählige Kurse – stets auf der Suche nach etwas Geheimnisvollem, das ich nicht einmal benennen konnte. Im Lauf der Zeit wuchs diese innere Sehnsucht, und die Suche trieb mich schließlich um den halben Erdball, in andere Kulturen und Länder. Doch so angestrengt ich auch suchte, die Suche blieb erfolglos.

Eines Nachmittags jedoch regte sich plötzlich eine leise Stimme in meinem Inneren und flüsterte mir zu, dass der Schlüssel zu jenem Geheimnis in mir selbst zu finden sei. Doch ich hatte nicht die leiseste Ahnung, wie das geschehen sollte.

Von jenem Moment an übernahm jedoch eine innere Kraft die Führung und schickte mich auf die unglaublichste Reise meines Lebens. Was ich auf dieser Reise entdeckte, war weit jenseits dessen, was ich mir je hätte erträumen können.

Das größte Abenteuer begann an jenem Tag, als Christus plötzlich vor mir stand und zu mir zu sprechen begann. Die gewaltige, herrliche Intensität dieser Begegnung war atemberaubend – als wäre ein Stern direkt vor meinen Füßen explodiert. Es war das Beste, was ich jemals erlebt hatte.

Die Gespräche mit ihm waren eine unglaubliche Gnade. Er gab mir lang ersehnte Antworten auf brennende Fragen und tiefe Einblicke in die wahre Natur unseres Seins.

Und dann kam Gott ...

Mit Gott war das ein bisschen anders. Im Gegensatz zu Christus zeigte er sich mir nie in Form einer konkreten Person. Sie wissen schon, die klassische Idee von einem alten Mann mit weißem Rauschebart. Nein.

Gott[1] präsentierte sich auf solch vielfältige, überraschende und auch humorvolle Weise, dass ich ihn in kein Konzept stecken kann.

Mit Gott zu kommunizieren war großartig und eine wunderbare Ergänzung der Gespräche mit Christus. Mit unendlicher Geduld beantwortete Gott meine zahlreichen Fragen, voller Verständnis und Güte, sodass ich mich stets reich beschenkt fühlte. Schritt für Schritt erweiterte er meine Perspektive und half mir, die Dinge in einem anderen Licht zu sehen und innerlich zu wachsen.

Oft erfuhr ich seine Anwesenheit als ein Eingehülltsein in eine unendlich liebevolle Kraft. Ich spürte seine außergewöhnliche Präsenz, hörte seine Worte und unterhielt mich mit ihm, ohne dass er eine äußere Erscheinung annahm.

Eine wesentliche Sache, die ich aus diesen Gesprächen gelernt habe, ist dies: Er ist nicht weit weg, irgendwo ›da oben‹. Vergessen Sie das. Er ist ganz nah. Und jederzeit offen für ein Gespräch. Man kann mit Gott und Christus über *alles* reden. Und niemand – wirklich niemand – ist von der göttlichen Liebe ausgeschlossen.

Über manche Themen haben wir wiederholt gesprochen, denn mit jedem erneuten Betrachten wird das Erinnern und Erkennen einer tieferen Wahrheit leichter. Was sich in uns erinnert, ist das

Herz – es birgt den magischen Schlüssel zu den tiefsten Geheimnissen des Daseins.

Sie sind nicht allein, und Sie waren es niemals. Das ist die Wahrheit. Wir sind keine Sünder, es gibt keine Hölle, und das Paradies gibt es wirklich. Und ja – Gott kann lachen, lächeln, humorvoll, spontan und überraschend sein. Er kann zum besten Freund werden und Ihr Herz vor Freude leuchten lassen, wenn Sie das wünschen.

Diese Gespräche vermittelten mir das wunderbare Gefühl, dass nichts und niemand wirklich verloren geht, dass wir niemals nicht ›zu Hause‹ sind und dass selbst die Tatsache, ob wir leben oder tot sind, nichts daran ändert, dass wir auf immer mit unserem Ursprung verbunden sind.

Dieses Buch spricht zu Ihrem Herzen. Wenn Sie etwas berührt, nehmen Sie sich ruhig ein wenig Zeit zum Nachspüren, halten Sie inne. Worte können Pforten zu eigener innerer Erfahrung öffnen, und eine einzige Wahrheit, die zutiefst erfahren wurde, ist kostbarer als tausend gelesene Seiten.

Möge der liebende Segen Sie einhüllen
und das Licht in Ihnen
zu einem lodernden Feuer entfachen;
möge jede Zelle Ihres Wesens
vor Freude singen,
sodass Sie den Segen
der Existenz erfahren.

1

Eine ungewöhnliche Begegnung

An jenem Vormittag tauchte ER plötzlich auf.

Nach der Morgenmeditation hatte ich mich wie gewohnt an den Schreibtisch begeben, um einige Post zu erledigen. Ich war gerade dabei, den ersten Brief zu öffnen, als er plötzlich vor mir stand.

ER – Christus.

Ich war wie vom Donner gerührt. Eine Gänsehaut rieselte über meinen ganzen Körper. Ehrfurcht und Erstaunen mischten sich mit intensiver Freude. Atemberaubend präsent, äußerst lebendig und ohne jeden Heiligenschein stand Christus da und blickte mich an. Während ich ihn anstarrte, spürte ich plötzlich, wie eine unendlich liebevolle Kraft begann, mich von Kopf bis Fuß einzuhüllen. Es war eine Liebe, die jede Zelle und jede Faser meines gesamten Seins durchdrang, mich ganz und gar einhüllte.

Ich fühlte mich so zutiefst geliebt wie noch niemals zuvor in meinem Leben. Die Intensität und Zärtlichkeit dieser Liebe zu beschreiben liegt jenseits aller Worte. Tränen der Rührung, Erleichterung und Freude liefen über mein Gesicht.

Aus tiefster Dankbarkeit übergab ich ihm spontan mein gesamtes Leben – ich legte es wie ein Bündel in seine Hände: meinen Körper, die Gedanken und Gefühle, alle meine Fähigkeiten und Talente, jede Faser meines Seins. Ich wollte nicht mehr selbst bestimmen.

Wie sehr hatte ich solch einen erlösenden Moment herbeigesehnt. Jahrelang hatte ich unter dem quälenden Gefühl der Getrenntheit vom Göttlichen Ursprung gelitten. Es war ein tiefer innerer Schmerz, begleitet von einer wachsenden, intensiven Sehn-

13

sucht nach der Quelle. Die Erscheinung von Christus, so verblüffend und unerwartet sie auch war, hatte deshalb für mich etwas zutiefst Erlösendes.

Lächelnd gab mir Christus das ›Bündel‹ zurück.

»Warum?«, fragte ich verdutzt.

»Jetzt ist es gesegnet«, antwortete er.

Ich atmete ein paar Mal tief durch und spürte, wie eine ungewohnte, stärkende Kraft in meinen Körper strömte. Andererseits ... bildete ich mir das Ganze vielleicht nur ein? Entsprang die Begegnung mit Christus womöglich meinem Wunschdenken? Schließlich, wie konnte etwas so Großartiges ausgerechnet *mir* widerfahren?

»Woher weiß ich, dass du wirklich bist und mir nicht nur mein Verstand etwas vorgaukelt?«, fragte ich Christus.

»Sieh in meine Augen«, forderte er mich auf. Und in dem Moment, als ich in seine Augen blickte, sah ich ein intensives, strahlend helles Licht, das von ihm ausgehend wie ein Strahl direkt in mein Herz leuchtete. Dieses magische Licht berührte mich unsagbar tief und löschte alle Zweifel restlos aus.

»Du wirst unendlich geliebt«, fuhr Christus fort. »Diese grenzenlose Liebe ist jenseits deiner Vorstellung, sie ist ein vollkommenes, hundertprozentiges Angenommen-Sein, so wie du bist.«

So begann unsere erste Unterhaltung. Seine Gegenwart war für mich so real und lebendig wie die Begegnung mit einem anderen Menschen. Ich sah seine herrliche, kraftvolle, schöne Gestalt, seine klaren, durchdringenden Augen, spürte seine warmherzige Ausstrahlung und hörte seine Worte. Es war eine atemberaubende Erfahrung.

Wir sprachen über vieles. Einige Monate zuvor war ich erkrankt und hatte meine bisherige berufliche Tätigkeit aufgeben müssen. Ich vertrug nur noch wenige Nahrungsmittel, war abgemagert und fühlte mich elend und erschöpft. Bislang hatte ich meine stets robuste Gesundheit als etwas Selbstverständliches hingenommen. Doch nun hatte das Kranksein meine Welt erschüttert. Ich war verzweifelt und wusste nicht mehr weiter.

Christus, der meine Gedanken mitverfolgt hatte, lächelte mitfühlend.

»Was kann ich denn noch tun, außer mein Leben in deine Hände zu legen?«, wollte ich wissen.

»Vertrauen«, antwortete er. »Die gesamte Situation in die Hand Gottes legen, wissend, dass alles gut wird.«

Nach einer kurzen Pause fügte er hinzu: »Gott ist in allem, auch in deiner Krankheit, du siehst es nur nicht.«

»Kannst du mir helfen, Gott in allem zu sehen?«, bat ich.

Einige Sekunden der Stille folgten, dann erwiderte Christus: »Ich werde dir helfen. Es gibt nichts, wo Gott nicht ist. Doch indem du etwas ablehnst, verschließt sich dir die Erkenntnis, die göttliche Gnade darin zu entdecken. Willkommen-Heißen ist der Weg. Das, was ist, ist ja ohnehin bereits da. Nimm es an, gib dich hin. Dann bleibst du im Strom, sodass Gott dich lenken kann und du es auch *fühlst*!«

Erleichtert gab ich zurück: »Ich glaube, ich habe lange auf diesen Moment gewartet. Das ist so wundervoll, dass ich mit dir über alles reden kann.«

»Warum sollte das nicht möglich sein?«, entgegnete Christus ruhig.

»Na ja, ich dachte nicht, dass es so einfach geht«, gab ich zu.

»Klopfe, und dir wird aufgetan«, bemerkte er.

Mit Christus zu sprechen war großartig und so vertraut wie das Zusammensein mit einem sehr guten Freund. Während ich seine herrliche Gestalt sah, hörte ich in mir, wie er mit mir sprach, und antwortete auf dieselbe Weise. Während all der Gespräche war ich hellwach, bei vollem Bewusstsein und hatte die Augen meist geöffnet, um mir Notizen zu machen. All dies geschah auf einer Ebene, die sich dem rationalen Verstand vollkommen entzog. Es berührte eine viel tiefere Ebene in mir, eine Ebene, die dem, was geschah, zutiefst vertraute und voller Freude darüber war.

Vom ersten Moment an vermittelte mir Christus das Gefühl,

einen guten Freund und weisen Berater an meiner Seite zu haben. Wir unterhielten uns im Laufe der Zeit über die verschiedensten Dinge, lachten und diskutierten miteinander, als würden wir uns ein Leben lang kennen. Mit seinen humorvollen und zutiefst treffenden Aussagen brachte er mich zum Lachen und zum Weinen und bescherte mir tiefe Erkenntnisse.

Auch wenn wir uns gerade nicht unterhielten, sah ich ihn und spürte seine Gegenwart. Er war einfach da, jederzeit bereit, das Gespräch wieder aufzunehmen, während er mir bei der Erledigung alltäglicher Dinge wie Geschirrspülen und Unkrautjäten zuschaute. Seine Anwesenheit war beruhigend und wunderbar.

2

Die Einladung

»Es ist so wundervoll, dass ich mit dir über alles sprechen kann.«

»Warum sollte das nicht möglich sein? Ich bin einer von euch«, sagte Christus. »Im Grunde bin ich nicht von euch verschieden. Der einzige Unterschied liegt darin, dass ich die Tür meines Herzens weit und kompromisslos für meinen Vater geöffnet habe. Und ihr habt sie unterschiedlich weit geöffnet, der eine mehr, der andere weniger. Wenn die Tür deines Herzens weit geöffnet ist, kannst du die Stimme Gottes einfach besser vernehmen. Du und Gott seid dann eins. Deswegen habe ich gesagt: ›Ich und der Vater sind eins.‹«

Skeptisch erwiderte ich: »Du weißt, dass ich die Bibel nie gelesen habe?« Zwar hatte ich gelegentlich mal in die Bibel hineingeschaut, doch das war schon lange her, und wirklich gelesen hatte ich sie nie.

»Und ich bringe sie dir jetzt näher«, antwortete Christus, »das, was ich *wirklich* gesagt habe. Und übrigens, wenn du Fragen hast, bin ich immer für dich da.«

»Dass du in mein Leben getreten bist, ist das Beste, was mir je passiert ist«, sagte ich mit Tränen in den Augen. Es war unmöglich, mit Worten die starke Verbundenheit auszudrücken, die ich in diesem Moment spürte.

»Du bist es, welche die Tür geöffnet hat, sodass ich eintreten konnte. Du hast mich willkommen geheißen«, bemerkte Christus.

Er hatte recht. In den Monaten zuvor hatte sich eine unerklärliche, zuweilen überwältigende Sehnsucht nach dem Göttlichen aus den Tiefen meines Inneren seinen Weg gebahnt, oftmals von Tränen begleitet. Etwas in meinem Inneren rief mit einer nie erlebten Intensität nach der Quelle, und zum ersten Mal in meinem Leben betete ich voller Inbrunst. Für den Verstand war das Ganze völlig unerklärlich. Es geschah einfach, und ich spürte, dass es seine Richtigkeit hatte.

»Wo ein offenes Herz ist, da bin ich willkommen«, sagte Christus. »Dort ist meines Vaters Heim. Dort kann ich ›ein- und ausgehen‹. Es ist die Sehnsucht des Herzens, die mich ruft. Und nun bist du nicht mehr allein. Du warst übrigens niemals wirklich allein, es kam dir nur so vor. Das ist bei den meisten von euch so: Ihr fühlt euch allein, weil ihr die Verbindung mit meinem Vater, mit eurem Ursprung nicht mehr spürt. Würdet ihr das fühlen, dann würdet ihr angstfrei durchs Leben gehen und die Liebe leben, die ihr seid. Im Zustand der Liebe zu sein ist natürlich für euch.

Nicht im Zustand des Liebens zu sein ist deshalb schmerzhaft. Diesen Schmerz versucht ihr dann mit allen möglichen Dingen und Ablenkungen zu überdecken: mit übermäßigem Essen, Vergnügen, Alkohol, Drogen, Sex – nur um diesen Schmerz nicht zu fühlen. Würdet ihr innehalten, eure Angst vor dem Schmerz besiegen und es zulassen, ihn zu spüren, könnte er euch heimbringen in euer Herz, könnte die verschlossene Tür eures Herzens sprengen, und ihr wäret frei. Ihr könntet den unaufhörlichen Fluss der Liebe spüren, die euch durchströmt. Ihr würdet diese Liebe überall entdecken und einstimmen in den Ausdruck purer Freude, welche die Schöpfung ist«, lächelte er ermunternd.

*

»Du bist wirklich ein guter Ratgeber«, teilte ich Christus eines Vormittags dankbar mit.

Belustigt entgegnete er: »Dachtest du, ich sei ein schlechter Berater?«

»Nein, ich dachte nur nicht, dass du dich mit solch alltäglichen Dingen beschäftigst.«

Er hatte mir bei einer wichtigen Entscheidung wegweisend zur Seite gestanden, nachdem ich tagelang über einen Vortrag gegrübelt hatte, den ich nicht mehr halten wollte. Vor langer Zeit zugesagt, hatte sich mittlerweile meine Sichtweise zu dem angekündigten Thema erheblich geändert, mit der Folge, dass ich nicht mehr dahinterstand.

»Wie gut wirst du wohl sein, wenn du über etwas sprichst, während dein Herz woanders ist?«, gab mir Christus zu bedenken. »Wie wird das wirken? Glaubst du, dass es die Menschen berührt? Es ist das Feuer der Liebe und Begeisterung in dir, das auf die Menschen überspringt. Du wirst die Menschen nicht erreichen, wenn dein Herz nicht dabei ist. Dann ist der Aufwand vergeblich. Wenn dein Herz singt, werden auch die anderen Herzen singen. Dann wird der Funken überspringen, und nur dann. Suche dir Themen, bei denen du innerlich brennst. Wichtig ist, dass du integer bleibst.«

Bisher hatte ich meine Verpflichtungen immer sehr ernst genommen. Diesmal jedoch sperrte sich mein Herz, und es war unmöglich, das zu ignorieren.

»Der Druck, den du spürst, kommt, weil du glaubst, Verantwortung zu haben und etwas durchziehen zu müssen, wozu du Ja gesagt hast«, meinte Christus. »Aber dein Herz ist unglücklich. Was willst du dort mit einem unglücklichen Herzen? Unglücklichsein verbreiten?« Er lächelte etwas gequält und sehr mitfühlend.

»Du weißt, wofür dein Herz brennt. Folge deinem Herzen. Es weist dir den Weg. Wenn sich eine Tür schließt, öffnet sich eine neue. Folge der Freude. Folge der Begeisterung. Folge der Liebe. Sie trägt dich an deinen Platz, und alles wird gut. Tu das, was dein Herz dir sagt. Was möchte dein Herz?«

»Ich möchte mir dir zusammenarbeiten«, entfuhr es mir spontan, »das ist mein sehnlichster Wunsch. Wie kann ich mit dir zusammenarbeiten?« Die Worte, die ich ausgesprochen hatte, erstaunten mich selbst. Sie stammten nicht vom Verstand, sondern kamen aus der Tiefe meines Seins.

Christus lächelte. »Schaffe einen Raum für mein Dasein. Wenn du mich rufst, werde ich kommen.«

Zu Beginn dieser Gespräche hatte mein Verstand Mühe, die zwei Realitäten – die ›normale‹ Welt und Seine Anwesenheit samt allen damit verbundenen grenzüberschreitenden Erfahrungen zu vereinen. Was war real? Was war realer? Waren es parallele Welten, die sich gleichzeitig ineinander abspielten, die eine – uns bekannte Welt – dreidimensional, dicht und materiell träge, form- und massegebunden, die andere dagegen feinstofflich? War beides gleich existent, gleich real?

Das Herz stellt diese Fragen nicht. Es fühlt die Wahrheit, trinkt von der Quelle und ist erfüllt. Der Verstand konnte diese Fragen unmöglich beantworten, noch konnte er das Geschehen erfassen, geschweige denn kontrollieren. So ließ ich geschehen, was auch immer geschehen wollte.

3
Die Matrix der Liebe

Ich liebte die Unterhaltungen mit Christus und war neugierig darauf zu erfahren, wie es weitergehen würde.

»Das hängt von deinen Fragen ab«, antwortete Christus.

»Ich habe so viele Fragen …«

»Nur zu«, meinte er ermunternd.

»Also gut: Was ist wahre Liebe?«

»Was glaubst du denn, was es ist?«, gab Christus zurück.

»Etwas, das von Herz zu Herz spricht und handelt, das Herzen verbindet. Wahre Liebe …«, überlegte ich und sah ihn ermunternd lächeln, »… das Erkennen des EINEN Geistes in allem?«

Er nickte.

Ich fuhr fort: »Das Fühlen des Göttlichen im Gegenüber – ob es sich um einen Menschen handelt oder eine andere Ausdrucksform der Schöpfung –, was uns so tief berührt, dass einem die Tränen kommen? Und natürlich das Handeln, das diesem Gefühl folgt«, versuchte ich mich.

»Wahre Liebe ist eine alles durchdringende Schwingung«, begann Christus zu erklären. »Sie ist *die* Grundschwingung dieser Schöpfung. Es gibt buchstäblich nichts, das diese Liebe nicht enthält. Sie ist in jedem kleinsten Teilchen, in jedem Atom enthalten und somit in der gesamten Schöpfung.

Die Frage ist nur, wie deutlich ihr diese Schwingung wahrnehmt oder wie viele Schleier in euch diese Wahrnehmung verhindern, sodass ihr diese Liebe nicht mehr fühlt und euren eigenen Weg geht, euer eigenes Universum erschaffend – die Matrix in der Matrix, um mit deinen Worten zu spielen. Doch irgendwann seid ihr eure Matrix leid, seid des Spiels müde, weil euer selbst geschaffenes Spielfeld von Begrenzung geprägt ist, von Mangel und von Angst. Und natürlich existiert Leid auf diesem Spielfeld. Ihr habt es erschaffen, ihr habt die Energie und Materie in diese Richtung gebracht. Aber das Leiden hilft euch aufzuwachen.«

»Was aber ist mit einem unschuldigen Kind in Afrika oder an einem anderen Ort der Welt, das hungert und leidet?«

»Es hat sich zur Verfügung gestellt, um euch das Leiden zu zeigen, um euch zu spiegeln, was ihr aus der Getrenntheit heraus erschaffen habt«, erwiderte Christus. »Es ist ein Spiegel, der euch helfen soll aufzuwachen. Sonst könntet ihr die Begrenztheit, die Getrenntheit gar nicht bemerken. So entsteht in einigen von euch das Gefühl: ›Irgendetwas läuft da falsch, das kann so nicht stimmen‹, weil es eurem inneren Gefühl von Einheit und natürlicher Fülle zuwiderläuft. So wacht ihr langsam auf.

Dasselbe trifft auf die Erde zu. Sie spiegelt euren Bewusstseinszustand, spiegelt eure Schöpfung. Indem sie rebelliert – in Form von Vulkanausbrüchen, Erdbeben, Verwüstungen, Dürre und Tsunamis –, könnt ihr erkennen, dass etwas nicht stimmt. Ihr fangt an aufzuwachen und euch zu fragen: ›Was hat das zu bedeuten? Was geschieht hier?‹ Und so werdet ihr wacher, bereit, euch selbst anzuschauen, zu fühlen und zu überlegen, dass es möglicherweise noch andere Wege gibt, mit der Schöpfung in friedlicher und harmonischer Koexistenz zu leben.«

Seine Erklärung war einleuchtend, stellte mich aber nicht gänzlich zufrieden. Denn wie sah es mit dem körperlichen Leiden eines solchen Kindes aus? Schließlich handelte es sich doch um echtes, hautnah erfahrenes Leid …

Er antwortete: »Der Körper leidet, ja, aber die Seele hat ihr Einverständnis gegeben, in diesem Körper zu sein und diese Erfahrung zu machen. Das hat nicht nur übergreifende Gründe – wie euch etwas Bestimmtes zu spiegeln, sodass ihr erkennen und eine Wahl treffen könnt, etwas zu ändern –, sondern auch Gründe, die im Individuum selbst liegen.«

»Also gibt es ein Individuum?«, hakte ich nach. Denn wenn man die Schöpfung, statt mit gewöhnlichen Augen, aus der Sicht des EINEN betrachtet, und darüber hatten wir bereits gesprochen, verschwindet die scheinbare äußere Getrenntheit der Form, und alles wird als eins erkennbar.

»Ja und nein. Alle Individuen sind Ausgüsse des EINEN. Die Individualität rührt daher, dass das EINE in jedem sogenannten Individuum, in jeder Form, eine andere Erfahrung machen will. Sonst wäre Schöpfung sinnlos. Deshalb gleicht kein Individuum, kein Mensch, kein Blatt dem anderen. Die Individualität rührt aus der Unterschiedlichkeit der Form, der Erfahrungen, der Gedanken, dem Erleben – wir sprechen hier von Menschen. Doch hinter all dieser scheinbaren Individualität, die natürlich auch das Umfeld umfasst, strahlt das EINE, das in jedem Teil der Schöpfung enthalten ist.«

Mein Blick wanderte im Raum umher und blieb an einem Wasserkocher hängen.

»Selbst in einem Wasserkocher?«, fragte ich zweifelnd. Denn so profan es auch scheinen mochte, definitionsgemäß war schließlich alles, was existierte, ein Teil der Schöpfung.

»Selbst in einem Wasserkocher, selbst in einer Kaffeetasse. Denk an die Teilchen.« Damit bezog er sich auf die kleinsten Bestandteile der Schöpfung, aus denen alle Materie geformt ist. Geht man noch über die stofflichen Bestandteile der Materie hinaus, bleibt nur Energie.

»Du trittst buchstäblich auf den Geist des EINEN, wenn du den Boden berührst«, fuhr Christus fort. »So ist auch ›Kadosh, kadosh, kadosh‹ [Hebräisch: heilig] zu verstehen. Alles ist heilig. Nur haben Dinge nicht dasselbe Bewusstsein wie ihr. Die Essenz, die Schwingung, ist dennoch in ihnen enthalten.«

»Und was ist mit solchen Dingen wie Atombomben?« Für mein Empfinden war dies so ziemlich das Unheiligste, was der Mensch erschaffen hatte.

»Die Grundsubstanz steht euch zur Verfügung, um zu erschaffen, Nützliches und Zerstörerisches, Schönes und Hässliches. In diesem Spiel habt ihr die vollkommene Freiheit, neue Formen zu erschaffen – euch kreativ zum Ausdruck zu bringen. Ihr experimentiert. Der Ausgang der Experimente hängt von euch selbst ab, von eurer Wahl oder eurem Bewusstsein. Ihr könnt Zerstörung und Leiden ebenso wählen wie Harmonie und Kooperation oder ›Erschaffen im Einklang‹, wie du es nennst. Es ist eure freie Wahl, ihr gestaltet die Erfahrungen.

Und die stärkste Kraft von allem – einfach, weil sie in jedem Teilchen angelegt ist und in ihm schwingt – ist Liebe. Reine, ungefilterte Liebe geht direkt in Resonanz mit den anderen Teilchen und berührt sie. Liebe ordnet die Materie neu. Auf diese Weise findet Heilung statt, körperliche Heilung und auch Heilung in der Natur.

Liebe ist die stärkste magnetische Kraft, die es gibt. Sie hat die Kraft, freie, nicht gebundene Teilchen neu zu formen und so beispielsweise Ereignisse oder auch Dinge zu erschaffen. Es ist eine Art Leuchtsubstanz, die teils in gebundener Form vorliegt – den manifesten Formen –, teils in ungebundener Weise, und mit welcher ihr erschaffen könnt.«

»Und wie nennst du diese – hm – Leuchtsubstanz?«

»Du kannst sie ›formlose Matrix‹ nennen, Grundsubstanz, Energie, wie du magst. Es ist eine Art ›Ursuppe‹, aus der erschaffen werden kann, was eurem Bewusstsein, eurer Absicht und eurer Liebe entspricht. Der Vater liebt euch so sehr, dass er euch mit dieser großen Freiheit ausgestattet hat, selbst Schöpfer zu sein, selbst zu erschaffen. Sogar wenn ihr euch dabei vernichten würdet, würde das an seiner Liebe zu euch nichts ändern.«

»Wow«, entfuhr es mir.

»Du wählst also deine Erfahrungen selbst. Verstehst du? Es ist ein riesiges, unermessliches Spielfeld.«

»Doch wie viel davon ist auf Seelenebene vorbestimmt?«

»Einige Dinge werden vorher ›geprägt‹«, antwortete Christus, »wie zum Beispiel deine grundsätzliche Art, durchs Leben zu navigieren, Erfahrungen zu machen – eine Neigung auf Seelenebene. Doch in jedem von euch ist eine Art ›Goldener Same‹ angelegt, der das Erinnern und Aufwachen ermöglicht. Vom Moment des Aufwachens an ist alles möglich, werden die Karten neu gemischt. Von diesem Moment an erlebst du wahre Freiheit. Alle bisherigen Konstellationen dienten lediglich dazu, dich an diesen Punkt zu bringen. Nun haben sie ihren Zweck erfüllt.« Christus machte eine Pause und schwieg.

Ich sann über seine Worte nach. Nun, wo sich die großartige Gelegenheit bot, mit Christus selbst zu sprechen und seine Antworten zu hören, wollte ich ihm all die vielen Fragen stellen, die mir seit Langem durch den Kopf gingen.

Das war *die* Gelegenheit.

Manchmal ertappte ich mich dabei, wie mein Verstand versuchte, seine Worte bereits während unseres Gesprächs zu analysieren. Dann bat ich Christus, noch deutlicher zu mir zu sprechen, sodass mein Verstand keine Chance hatte, sich einzumischen. Augenblicklich fühlte ich dann seine Präsenz noch stärker, sah und hörte ihn noch klarer und intensiver, wie bei einer lebhaften Unterhaltung. Mit dem einzigen Unterschied, dass ich mit meiner physischen Hand ihn oder seinen Umhang nicht berühren konnte …

Während ich diesem Gedanken nachhing, hörte ich Christus fragen: »Möchtest du denn das?«

Unwillkürlich strecke ich eine Hand aus und spürte im selben Moment den weichen, schweren Stoff seines Umhangs. Es fühlte sich an wie Samt.

Wieder einmal hatte er mich überrascht und die Grenzen dessen gesprengt, was ich für möglich hielt.

4

Der Goldene Same

»Gibt es überhaupt so etwas wie eine individuelle Seele?«, wandte ich mich an Christus.

Denn wenn, aus einer größeren Perspektive betrachtet, alles, was existiert, in Wahrheit eins war, musste letztlich alles einer einzigen, übergeordneten Seele angehören. Welche Bedeutung hatte dann die individuelle Seele – falls es so etwas überhaupt gab?

»Die Seele ist eine Ansammlung deiner bisherigen Erfahrungen, Erkenntnisse und Ausdrucksformen, eine einzigartige und unverwechselbare Zusammenstellung erlebter Schöpfung – von Schöpfung, die sich selbst ausgedrückt hat«, antwortete Christus. »Oder mit anderen Worten: *göttliches Bewusstsein*, das sich auf eine bestimmte Weise erlebt hat. Und die Vielfalt der Erfahrungen aller Seelen ergibt das große Ganze, das Eine. Damit das Eine sich erfahren kann, muss es sich in Viele aufteilen. Das ist der Sinn der Schöpfung.

Ihr seid wie Blätter an einem Ast. Und die Vögel beispielsweise oder die Fische, Wale, Delfine, alle Existenzformen – ja, auch die Steine, Grashalme, Schmetterlinge, sogar die Spinnen, die viele von euch nicht mögen – sind Blätter an demselben Baum. Vergesst das niemals. Dann lebt ihr eine natürliche Achtsamkeit gegenüber der gesamten Schöpfung, und das ist äußerst angemessen.

Wenn du einmal das verbindende Eine in den Formen der Schöpfung und in den Augen deiner Mitmenschen erblickt hast, kannst du es nie wieder leugnen. Dann hat Erkennen stattgefunden. Dann wird Zerstörung unmöglich. Dann taucht der natürliche Wunsch nach Kooperation, Füreinander, Miteinander und

Teilen auf. Das ist das natürliche Verhalten und Bestreben eines Menschen, der in der Einheit zu Hause ist. Es kommt von innen, es geschieht von selbst.«

Christus lächelte, wortlos fragend, ob ich seine Ausführungen im Detail begriffen hatte. Dann fuhr er fort: »Und der Goldene Same, von dem ich gesprochen habe, ist in eurem Herzen. Wenn ihr ihn einmal berührt habt, weil ihr euch in euer Herz begeben habt, beginnt etwas in euch zu wachsen und euch zu erinnern, so dass ihr sicher heimfindet und auf den einzig sicheren Boden gelangt – die gelebte, gefühlte Verbindung mit Gott, meinem Vater.

Von dieser Basis aus führt ihr ein völlig anderes Leben – frei von den bisherigen Begrenzungen, frei von selbst erschaffenem Leid. Dann stellt sich auch das ein, was du das ›kosmische Gelächter‹ nennst – eine Erhabenheit über die Illusion der begrenzten Materie. Und dies zu erleben geht mit Freude und Vergnügen einher. Es entbindet euch jedoch nicht von der Pflicht, auf die Stimme der Liebe in euch zu hören«, setzte er mit Nachdruck hinzu.

»Meinst du wirklich ›Pflicht‹?«

»Die Liebe ist von Natur aus in euch angelegt, insofern ist es keine Pflicht, sondern ein natürliches Geschehen. Es wird sich völlig natürlich anfühlen, wenn ihr die Liebe zu eurem Führer gemacht habt – weil ihr Liebe *seid*. Das ist der Goldene Same. Ihr seid Liebe, ihr handelt aus Liebe, ihr folgt der Liebe.

Allerdings hat das mit der Art von Liebe, wie sie euer Verstand definiert, nichts zu tun. Das, was der Verstand als Liebe definiert, ist konditionierte Liebe – bedingte Liebe, Liebe in der Dualität, gefangen in Gegensätzen, Freud und Leid erzeugend. Und permanent ist der Verstand im Spiel, urteilend und bewertend, neues Leid, neues Drama erschaffend.

Die reine Liebe des Herzens ist jenseits von alldem. Durch das Herz fließt die pure, ungefilterte Liebe des EINEN. Deshalb ist die Liebe des Herzens auch so unendlich kraftvoll und vermag Wunder zu vollbringen, so wie es durch mich geschah. Es ist das klare

Hindurchfließen der Liebe meines Vaters durch ein reines Herz, das Wunder ermöglicht.«

»Wie können wir ein reines Herz bekommen? Müssen wir erst um Vergebung bitten wegen all unserer schlechten Taten?«

»Das ist nur eine Konstruktion des Verstandes. Das Herz ist immer rein«, antwortete Christus. »Im Herzen ist Reinheit, Unschuld und klares Erkennen. Du kannst Gott um Vergebung bitten, wenn du das möchtest. Doch achte darauf, dich nicht vom Verstand und dessen Konstruktionen gefangen nehmen zu lassen. Geh in aller Unschuld in dein Herz. Lass dein Herz sprechen zum Vater, zu mir, zur göttlichen Mutter, so wie es dein Herz möchte. Es kennt den Weg, vertrau ihm.«

Neugierig wollte ich wissen, ob Gott männlich ist, sodass man ihn als Vater anreden sollte, und wie es sich mit der göttlichen Mutter verhielt, wie sie in anderen Glaubensrichtungen verehrt wird.

»Gott ist weder männlich noch weiblich«, antwortete Christus.

»Aber du sagst doch auch ›Vater‹?«, bohrte ich nach.

»Zu meiner Zeit war das so üblich. Du kannst zu ihm so sprechen, wie es dein Herz dir sagt – ob göttlicher Vater oder heilige Mutter, es ist dieselbe Quelle. Es ist eins, es sind zwei Aspekte derselben Quelle.«

»Ich würde gern für einen Moment an die frische Luft gehen. Können wir später weiterreden?«, bat ich.

»Natürlich«, meinte Christus, »wann immer du möchtest.«

Ich spürte eine so tiefe Freude über dieses Gespräch, dass ich spontan zu ihm sagte: »Ich liebe dich«, wobei mir zugleich bewusst war, dass es nur ein unzulänglicher Versuch war, die tiefe Verbundenheit, die ich fühlte, mit Worten auszudrücken.

»Ich liebe dich sehr«, antwortete Christus warmherzig, wandte sich zum Gehen, hob einen Arm und winkte mir zu.

Wir sprachen nicht nur über spirituelle Themen. Auch bei ganz alltäglichen Dingen stand Christus mir hilfreich zur Seite, stets präsent und zu einem Gespräch bereit. Er kritisierte mich nie.

Seine Bemerkungen waren stets ermunternd und halfen mir, das Gesagte aus immer wieder neuen Perspektiven zu begreifen.

Er beobachtete mich und kannte zudem meine Schwächen. Als ich eines Nachts hintereinander zwei Stück Kuchen und einige große Feigen verzehrte, obwohl ich gar nicht hungrig war, meinte er ohne jeden Vorwurf: »Liebe kann auch Mäßigung bedeuten.« Wenn er mich manchmal so unmittelbar ertappte, brachte mich das zum Schmunzeln.

Seine Gegenwart war eine großartige Erfahrung.

5

Heimkehr

Zum ersten Mal nach all den Jahren der Suche hatten mir die Gespräche mit Christus ein Gefühl von Erleichterung verschafft. Es war das Gefühl, etwas lang Ersehntes endlich gefunden zu haben. Offenbar lag der magische Schlüssel, den ich so lange gesucht hatte, nicht in der Außenwelt. Womöglich führte die allzu intensive Suche in der Außenwelt nur dazu, dass man vor sich selbst davonlief? Und genau das verhinderte die Erlösung – man zögerte sie selbst hinaus.

»Das ist richtig«, kommentierte Christus, »zumindest funktioniert Erlösung nicht so, wie ihr es euch vorgestellt habt.«

»Wie denn dann?«

»Ihr müsst euch selbst erlösen. Ihr lauft vor euch selbst, vor Gott in euch davon, um ihn irgendwo in der Ferne zu finden. Das ist ein Trugschluss. Der Schlüssel liegt in euch selbst. Die Art von Erlösung, wie ihr sie betreibt – einige von euch – erlöst euch nicht, sondern baut ein Gefängnis.

Ihr tragt alles, was ihr sucht, bereits in euch. Die Idee, ihr müsstet im Außen danach suchen, hält euch davon ab, die Wahrheit in eurem Inneren zu finden. Bitte, hört auf, im Außen zu suchen! Im Herzen ist der Schlüssel, auch für das, was du als Erlösung bezeichnest. Im Übrigen: Was genau verstehst du unter Erlösung?« Fragend blickte er mich an.

»Hm, ich glaube, ich meine die Erlösung von dem quälenden Zustand des Suchens, von dem Gefühl des Nicht-vollständig-Seins … Wenn ich es mir recht überlege, möchte ich wohl von mir selbst erlöst werden – von den Illusionen über mich selbst, die mich daran hindern, mitten im Leben glücklich zu sein. Also gut, wie funktioniert Erlösung?«

Christus blickte mich warmherzig an. »Es gibt nichts zu erlösen.«

»Wie meinst du das? Das verstehe ich nicht«, gab ich irritiert zurück.

Statt einer Antwort wurde ich plötzlich von Kopf bis Fuß in eine wärmende Wolke aus bedingungsloser Liebe eingehüllt – ein unsagbar herrliches Gefühl, für das Worte nicht ausreichen, um es zu beschreiben. Ich fühlte mich durch und durch zutiefst geliebt. In solch einem Moment weiß man einfach, dass alles gut ist, dass Gott existiert und dass die bedingungslose Liebe tatsächlich für *jeden* von uns da ist. Alles andere ist nicht wahr.

»Du wirst so geliebt, wie du bist«, erklärte Christus. »Schau die Kinder an – sie haben nicht die Idee, sie müssten von sich selbst erlöst werden. Sie haben auch nicht die Idee, etwas sei mit ihnen falsch oder nicht in Ordnung, zumindest nicht, bis man es ihnen in den Kopf setzt.« Sein Gesicht hatte nun einen besorgten Ausdruck.

»Die Erlösung liegt darin, aufzuhören, vor dir selbst wegzulaufen«, fuhr er fort. »Nimm dich selbst, so wie du bist, in den Arm. Lass dich umarmen – vom Vater und von mir. Ihr müsst euch berühren lassen, zulassen, dass die Liebe meines Vaters wieder in euer Herz strömen kann. Denn so ist es, wie Er mit euch spricht. Wenn ihr euch der Liebe verweigert und euch im Leid vergrabt, kann er euch nicht erreichen. Die Liebe ist da, aber ihr könnt sie nicht spüren.

Rafft euch daher auf, geht hinaus, öffnet euer Herz und lasst euch von der Liebe berühren, wo auch immer sie euch begegnet. Das kann durch das Lächeln eines Menschen geschehen, durch die Augen eines Tieres, das euch treuherzig anblickt, durch eine schöne Blume. Werdet berührbar. So könnt ihr das Göttliche in eurem Herzen und in der gesamten Schöpfung immer besser spüren. Wenn ihr beginnt, dies zu spüren, stellt sich euch die Frage nach Erlösung nicht mehr. Dann seid ihr bereits heimgekehrt. Dann braucht ihr von nichts erlöst zu werden.«

»Was ist mit all den Sünden?« Ich dachte an wirklich schwere Vergehen, zu denen Menschen fähig waren.

»In dem Moment, wo du dein Herz wirklich öffnest für den Vater, sind dir alle Sünden vergeben«, erwiderte Christus und erklärte, dass ein Mensch sich nicht mehr gegen die Schöpfung wenden könne, sobald sich sein Herz wahrhaft für die Liebe öffnet und die göttliche Kraft ihn führt.

Doch wie sah es mit kleineren ›Fehlern‹ aus? Mit Handlungen, von denen wir wünschten, wir hätten sie nicht begangen, mit unbedachten Worten, von denen wir wünschten, wir hätten sie niemals ausgesprochen? Selbst mit einem offenen Herzen würde es wohl weiterhin Dinge im Leben geben, die wir im Nachhinein gern anders gemacht hätten.

»Natürlich sind weiterhin ›Fehler‹ möglich«, antwortete Christus, »Taten, die ihr später bereut. Doch ihr werdet sie dann viel schneller bemerken, eher bereuen und aufrichtig bemüht sein, sie zu korrigieren, einfach, weil sich das richtig anfühlt. Und bei all dem – seid mitfühlend euch selbst gegenüber. Verzeihe dir selbst, wenn du etwas getan hast, was du bereust. Dann korrigiere es im Außen. Danach fahre fort mit dem, was du zu tun hast, unbelastet und frei.

Die Kraft, euch selbst zu vergeben, ist ein wichtiger Schlüssel, der euer Herz immer mehr für die Liebe und Fülle öffnet, die für euch vorhanden ist. Wenn ihr euch selbst vergebt, kann mehr von dieser Liebe in euch strömen. Seid ihr hart zu euch selbst, haltet ihr auch die Liebe, Gnade und Fülle von euch fern, die der Vater für euch bereithält.« Er verstummte.

Demnach führte die Fähigkeit, uns selbst zu vergeben, dazu, dass die Liebe und Fülle, die das Leben für uns bereithält, auch tatsächlich zu uns gelangen kann. Doch was genau hatte diesen Fluss eigentlich unterbrochen?

»Man hat euch oft gesagt, dass ihr so, wie ihr seid, nicht gut seid, dass ihr nicht genügt, minderwertig, nicht erwünscht oder sogar unfähig seid«, meinte Christus. »Das gesamte Gesellschaftssystem ist darauf ausgerichtet, euch immer wieder eure Fehler vor Augen zu führen, mit dem Finger darauf zu zeigen, was an euch scheinbar schlecht sein soll. Im Lauf der Zeit verankert ihr diese Überzeugung.

Niemand sagt euch, was an euch gut, schön, faszinierend und wundervoll ist. Niemand sagt euch, wie einzigartig ihr seid, wie wundervoll ihr seid, wie überaus liebenswert. Wenn du nicht so einzigartig, wunderbar und liebenswert wärst – glaubst du, mein Vater hätte dich erschaffen?« Und dies – das schwang in seinen Worten mit – bezog sich ausnahmslos auf uns alle: auf Sie, mich, auf jeden Einzelnen.

»Der Vater hatte Freude daran, dich so zu erschaffen, wie du bist«, fuhr Christus fort. »Hör auf, dich selbst zu verurteilen. Du bist ein vollkommenes göttliches Wesen, ein einzigartiger Ausdruck wunderbarer Schöpfung, und es ist dein Geburtsrecht, die Liebe, die der Vater für dich hat, vollkommen anzunehmen, ja, darin zu baden. Diese Liebe ist wie Wasser, die Blumen aus dem Wüstenboden sprießen lässt. Lass diese Liebe in dein Herz fließen, und sie wird dir den Weg weisen in ein Leben voller Freude, voller innerer Erfülltheit«, schloss er ermunternd.

Um die göttliche Liebe erfahren zu können, von der Christus sprach, brauchte es zweifellos eine Entscheidung: es zu wagen, dieser Liebe zu vertrauen und sich ihr hinzugeben.

»Es ist ein Sich-Öffnen, ein Berührbar-Werden, wodurch ihr die Liebe, die euch umgibt, wieder spürt«, erklärte Christus. »Dann seid ihr heimgekehrt. Das Paradies ist nicht in der Ferne, es liegt direkt vor und in euch, im Hier und Jetzt. Es ist allein eure Wahl, ob ihr zulassen wollt, diese Liebe zu fühlen, oder ob ihr euch verweigert. Ihr könntet euch jetzt gleich, in diesem Moment, entscheiden, diese Liebe fühlen zu *dürfen*. Und wenn ihr euch dafür entscheidet, euch dieser Liebe zu verweigern, ändert das nichts an der Liebe meines Vaters für euch. Ihr werdet unendlich geliebt, wie auch immer ihr euch entscheidet. Und ihr könnt euch jeden Moment neu entscheiden.«

Was für eine Freiheit! Die Liebe hat Geduld. Sie wartet auf jeden Einzelnen, jederzeit bereit, uns zu umarmen, wenn wir unser Herz dafür öffnen.

6
Bewusstheit als Tor

Sonnenbeschienen lag der spiegelglatte blaue See vor mir; im Hintergrund schimmerten die fernen schneebedeckten Berge. Möwen strichen elegant über die Wasseroberfläche, die der Wind hin und wieder in ein sanftes Kräuseln versetzte, um gleich darauf wieder einzuschlafen.

Welch großen Frieden diese Szene ausstrahlte. War es möglich, auch als Mensch solchen Frieden zu erfahren – dauerhaft?

Wie viele andere Menschen strebte ich nach Freude, Glück und innerem Frieden und wollte Leid vermeiden. Diese Strategie funktionierte jedoch nicht wirklich gut, denn auf diese Weise hatte ich bisher keinen dauerhaften Frieden gefunden. Stattdessen litt ich, sobald ich aus den guten Gefühlen wieder ›herausfiel‹.

Doch stimmte es überhaupt, dass man sich möglichst oft glücklich fühlen musste, etwa als Zeichen des Erfolgs nach Jahren auf dem spirituellen Weg? War es wirklich falsch, sich manchmal unglücklich oder traurig zu fühlen? Schließlich umfasste das Leben doch eine Vielzahl an Erfahrungen. Vielleicht war es überhaupt ein Fehler, in ›gute‹ und ›schlechte‹ Gefühle zu unterscheiden?

Unvermittelt tauchte vor meinem inneren Auge das symbolische Bild einer weißen und einer blauen Blume auf, die einträchtig nebeneinander blühten, stellvertretend für die lichten und dunkleren Gefühlsbereiche. Beide Blüten waren sehr schön, und ich begriff: Die Schöpfung hat uns Menschen mit hellen und dunklen Gefühlsbereichen ausgestattet, und das hat seine Richtigkeit. Erst durch unsere Bewertung in ›gut‹ und ›schlecht‹, in ›falsch‹ und ›richtig‹ erzeugen wir einen Konflikt. Hören wir jedoch auf zu bewerten, können wir die Erfahrung der inneren Ganzheit machen. Und das bedeutet: *alle* auftauchenden Gefühle als Ausdruck des Lebens widerstandslos zu erfahren und durch uns hindurchfließen zu lassen.

An dieser Stelle nahm Christus das Gespräch wieder auf:

»Und dann kommt vielleicht ein Lächeln – weil du plötzlich siehst, was da ist: Gefühle, die auftauchen und wieder vergehen. Da ist etwas in dir, das sich der auftauchenden und vergehenden Gefühle gewahr ist. Dieses Gewahrsein ist Bewusstheit. In dieser Bewusstheit erfährst du dein wahres, großes Selbst. Dann ist Frieden in dir und Freude. Du kannst das Leben nicht mehr so ernst nehmen. Du musst über dich selbst und all die unmöglichen Dinge lachen, die das kleine Selbst, das Ego, in dir anstellt. Du wirst zum großen Selbst, das liebevoll auf das kleine Selbst blickt, du kannst nicht anders.

Und dann verschwindet auch diese Erkenntnis, diese Erfahrung wieder, weil irgendetwas passiert, das dich in Gefühle verwickelt. Wenn das geschieht, erinnere dich an die Blumen. Sieh sie einfach nur vor dir. In diesem Moment findest du zurück in dein zeitloses, ewiges Selbst.«

Das Bild mit den zwei Blumen verblasste. Als Nächstes wurde mir die Szene eines stillen, sehr tiefen Sees gezeigt, und Christus erklärte, dass sich alle Gefühle, wechselnden Zustände, Gedanken und Erfahrungen an der Oberfläche des Sees abspielen. Selbst wenn die Wellen auf der Oberfläche noch so hoch schlagen, bleibt die Stille in der Tiefe unseres Wesens davon unberührt. Ob Gefühlschaos oder innerer Frieden, all dies sind nur wechselnde Zustände, wechselnde Erfahrungen.

Darüber hinaus gibt es einen Aspekt unseres Seins, der *jenseits* all dessen ist, der jenseits von Glücklichsein und Unglücklichsein, jenseits von Frieden und Chaos ist, und das ist unser wahres Wesen, das, in sich selbst ruhend, durch alle Illusionen und Dramen des Lebens hindurchblickt und unberührt von allem stets eins mit dem Absoluten ist. Und das Tor zur Erfahrung der Grenzenlosigkeit und Freiheit unseres wahren Wesens ist in unserem Inneren.

*

Es war beruhigend zu wissen, dass ein Bereich in uns existiert, der stets mit der göttlichen Quelle verbunden ist, ungeachtet dessen, wie hoch die Wellen des Lebens schlagen. Tauchten allerdings intensive Gefühle wie etwa Angst auf, war es mir unmöglich, jenen tieferen Frieden zu spüren. Für solche Fälle wollte ich praktische, konkrete Hinweise.

»Was mache ich, wenn Angst da ist?«

»Sehen, dass Angst da ist«, erwiderte Christus. »*Aha, da ist Angst.* So viel Bewusstheit könnt ihr alle aufbringen, selbst in Momenten des Leids. Dieses ›Aha‹ bewirkt, dass du nicht zu dem Gefühl wirst, welches du gerade empfindest. Probier es aus. Ohne diese Bewusstheit wirst du zu dem Gefühl, das gerade da ist. Du verlierst dich in dem Gefühl, wirst von den Wellen, um bei dem Bild des Sees zu bleiben, hin- und hergeworfen, so lange, bis sich der Sturm irgendwann legt. So erlebst du es doch meistens, oder?«

»Ja.«

»Wenn ihr ganz in Gefühlen aufgeht, weil ihr unbewusst seid, *werdet* ihr zum Schmerz, *werdet* ihr zur Wut, *werdet* ihr zur Angst. So verliert ihr die Verbindung zu eurer Essenz, und das ist es, was euch im Grunde Angst macht. Ihr fühlt euch machtlos und den Umständen ausgeliefert.«

»Und was mache ich, wenn die Angst mich bereits gepackt hat? Wenn ich schon mittendrin stecke – was für einen Ausweg, welchen ›Umschalter‹ gibt es dann?«

»Frag dich: *Wer ist es, der diese Angst fühlt?* Reiß dich zusammen, halte für einen Moment inne und rufe mit aller Kraft nach innen: *Wo ist der, der diese Angst fühlt?* Oder in einer anderen Situation: *Wo ist der, der diesen Zorn, diese Hilflosigkeit fühlt?*

Dies könnt ihr mit jedem beliebigen Gefühl tun, und es wäre

gut, diese Bewusstheit zu trainieren, auch in Momenten der Freude. Das bringt euch mehr dahin zu erfahren, wer ihr wirklich seid.

Versuche, in dem Moment, wo ein Gefühl auftaucht, in genau dieser Sekunde, bewusst zu sein. Versuche, aufmerksam tief zu atmen, denn das hält dich in der Bewusstheit, und das Gefühl einfach nur zu *fühlen*. Das Geheimnis ist, dass Gefühle, wenn sie einmal da sind, wahrgenommen, gefühlt werden wollen.

Das Problem ist nur, dass ihr die Gefühle in gute und schlechte unterteilt habt. Manche wollt ihr gern und am liebsten immerzu fühlen. Andere wollt ihr am liebsten gar nicht fühlen, und wenn sie dann doch da sind, versucht ihr sie zu verdrängen. Und daraus entstehen Probleme, denn Ablehnung gegen ein Gefühl zieht euch sofort tiefer in das Gefühl hinein.

Würdet ihr die Gefühle in dem Moment, wo sie da sind, einfach nur – man könnte sagen: barmherzig – wahrnehmen, ihnen bewusst Raum geben, sie da sein lassen und keine Angst haben, denn es gibt keine guten und schlechten Gefühle, dann würden sie sich nach einer Weile selbst erübrigen. Aber das geschieht nicht, solange ihr ein Gefühl ablehnt.

Ihr müsst aufhören, eure Gefühle zu verurteilen. Heißt sie stattdessen willkommen. Übt den Zustand des mitfühlenden Sehens. Das Sein hat euch nicht umsonst mit dieser vielfältigen Gefühlspalette ausgestattet. Freude ebenso wie Schmerz verleiht euch Tiefe. Würdet ihr den Schmerz nur wirklich einmal zulassen, so würdet ihr in ihm eine Tiefe entdecken, die eurem Leben eine neue Dimension gibt. Der Schmerz ist ein Tor, und dahinter ist die Freude. Um dorthin zu gelangen, musst du den Schmerz umarmen. Doch davor hast du Angst.

Erinnere dich jetzt an einen Moment höchster Freude, einen Moment, wo du vor Glück hättest zerspringen können. Fühle diese Intensität, ruf sie wieder wach, jetzt …«

Er hielt inne, um mir Zeit zu geben, seiner Anweisung zu folgen. Dann fuhr er fort:

»Bringt sie dich um, die Freude? Verschlingt sie dich?«

Ich musste lächeln.

»Auch Angst kann dich nicht verschlingen, sie ist nur ein Gefühl. Ebenso wird auch Schmerz dich nicht verschlingen. Wenn du ihn ganz zulässt, bringt er dich zu neuen Ufern. Es ist der Anfang einer Neugeburt.«

Und nach einer Pause ergänzte er: »Angst ist ein Tor, ebenso wie Freude oder Traurigkeit. Nutzt diese Tore, nutzt sie bewusst. Sie können euch in die Freiheit führen. In das Lachen. In den Frieden.« Christus lächelte.

Und wie verhielt es sich im Fall der Identifikation mit einem Wunschgefühl, wie etwa Freude?

»Eben *weil* ihr sie [die Freude] so gern fühlt, identifiziert ihr euch damit. Das ist weder gut noch schlecht. Ihr seid süchtig nach Freude. Doch sowohl Sucht als auch Ablehnung ziehen euch tiefer in ein Gefühl hinein. Dann besteht die Gefahr, dass ihr euch verliert.«

Also war es ebenso möglich, sich zu verlieren, indem man Wunschempfindungen wie Freude oder Glücklichsein nachjagte.

»Du musst nur einen Funken Bewusstheit als Einsatz aufbringen«, betonte Christus. »Dann können Wunder geschehen. Die Bewusstheit ist der Schlüssel. Unbewusstheit erzeugt Leid, Bewusstheit ist der Weg in die Freiheit.«

Im Lauf der Zeit erkannte ich, dass es nicht möglich ist, dauerhaften Frieden zu finden, solange man innerhalb der dualen Welt nach der Lösung sucht. In der polaren Welt der Dualität – unserer Alltagswelt – sind die Gegensätze stets miteinander verknüpft, und so schwingt das Pendel stets von Freud zu Leid, von Leid zu Freud. Das Glück der materiellen Welt, so schön es sein kann, ist relativ, es hat immer einen Gegensatz und ist seiner Natur nach vergänglich.

Wahre innere Stabilität ist zu erreichen, indem man *jenseits* der dualen Ebene gelangt und so ›weit‹ wird, dass man alles Existierende umfasst und als Ausdruck desselben Einen erkennt. Dann erst lösen sich die Gegensätze auf, und tiefer innerer Frieden entsteht.

Und auf eine für den Verstand völlig unfassbare Weise hebt Hingabe an das Göttliche den Menschen über den Schauplatz der Dualität hinaus, der Einheit entgegen.

7

Der Zauber des Seins

Endlich Urlaub.

Ich lag am Strand und genoss die wärmenden Sonnenstrahlen. Trotz des herrlichen Wetters waren kaum Menschen da, und ein wundervoller Frieden lag über allem. Eingehüllt vom sanften Rauschen der Wellen nickte ich ein.

Als ich die Augen wieder aufschlug, hatte sich etwas spürbar verändert. Als wäre es eine andere Welt, lag nun eine unerklärliche, magische Stimmung über der ganzen Szenerie. Der traumschöne, leere Strand, das glitzernde weite Meer und die sachte heranrollenden Wellen – alles war wunderschön, perfekt, vollkommen. Und einsam. Seltsam, nicht ein einziges Lebewesen, nicht einmal ein Vogel, tauchte in dieser perfekten Szene auf. Eine unberührte, stille, traumschöne Welt ... Und mit einem Mal wurde mir bewusst, warum Gott den Menschen erschaffen hatte: um ein Wesen zu formen, das sich an all dieser Schönheit erfreuen konnte ...

Als führte eine unsichtbare Hand Regie, betrat nun ein kleines nacktes Kind mit goldblonden Locken den Strand. Es sah unwirklich schön aus, unschuldig und rein. Lachend lief das Kind zum Wasser und freute sich an den Wellen. In diesem Augenblick sah und verstand ich zutiefst, wie vollkommen Gott den Menschen erschaffen hatte. Ich begriff, dass der menschliche Körper, die menschliche Existenz ein einziges Wunder ist. Es war kein intellektuelles Verstehen, sondern ein tiefes, inneres, wortloses Begreifen.

Wenig später wanderte ich, noch von der Schönheit dieser Erfahrung berührt, den Strand entlang, als mein Blick auf die zauberhafte Silhouette einer hochgewachsenen jungen Frau fiel. Im

Gegenlicht der untergehenden Sonne stand sie im seichten Wasser, ein kleines Kind an der Hand haltend. Der Wind spielte sanft mit ihren langen Haaren. Dieser Anblick, die Schönheit ihrer vom sanften Licht der Abendsonne beleuchteten Silhouette berührte mich tief, und ich begriff, warum Gott die Frau genauso erschaffen hatte – wunderschön, vollkommen, perfekt. Dieses köstliche Erkennen geschah irgendwo im Bewusstsein jenseits des Verstandes, und nicht ich bewirkte es. Es waren himmlische Augenblicke einer stillen, doch machtvollen inneren Freude.

Die gesamte Schöpfung ist der einzigartige Ausdruck eines unendlich liebenden Geistes, welcher unübertroffene Schönheit und Vielfalt lebendigen Ausdrucks zaubert. Das umfasst auch die Wildheit des Meeres, der Stürme und Vulkane – es ist der Geist, der sich selbst spielt.

Die Schöpfung, die wir sehen, ist ein einziger Atemzug, eine Sekunde in der Ewigkeit. Dass wir daran teilhaben dürfen, dieses unendliche Spielfeld des Lebens zum freien Ausdruck zur Verfügung haben, ist – Gnade.

8
Das Spiel der Schöpfung

Weit unten breitete sich das herrliche blaue Meer wie ein spiegel-glatter, endloser Teppich aus, der am Horizont sanft in die lichte blaue Weite des Himmels hineinfloss. Einmal mehr spiegelte die Natur Vollkommenheit.

Und der Mensch? Weshalb war die menschliche Existenz manch-mal so kompliziert? Warum hatten wir überhaupt ein Ego, und welchen Sinn hatte es?

Als Neugeborenes waren wir noch eins mit dem Ursprung. Babys leben in einer Welt der Einheit. Sie bewerten nicht in Gut und Schlecht, sie vergleichen nicht, sie trennen und urteilen nicht, weil sie das noch nicht gelernt haben. Babys erfahren natürlicherweise alles als eins, und die Unschuld und Reinheit, die sie ausstrahlen, berührt die Herzen der Menschen tief.

Doch dann beginnt sich langsam das Egobewusstsein auszubil-den. Als eines der ersten Dinge lernt ein Kleinkind seinen Namen und sich damit zu identifizieren. Es erfasst den Unterschied zwi-schen Ich und Du, Mein und Dein und lernt zwischen Gut und Schlecht zu unterscheiden. Es entdeckt die Ausdrucksmöglichkei-ten des Körpers und erfährt die vielfältigen Sinneseindrücke. Wie die Sinne ist auch der Verstand auf die Interaktion mit der Außen-welt gerichtet. Hierin liegt ein wesentlicher Schlüssel.

Denn mit der Fixierung auf Körper, Sinne und Verstand ver-schwindet das Gefühl von Einheit zunehmend. Stattdessen domi-niert die Erfahrung der Getrenntheit: ›Hier bin ich, und dort sind die anderen.‹ Die Sinneseindrücke scheinen dies zu bestätigen, und so gewöhnen wir uns an diese Sichtweise. Die Erfahrung der

Einheit hat sich zur Erfahrung der Dualität hin verschoben.

Mit zunehmendem Alter bildet sich das individuelle Ichbewusstsein mit Vorlieben, Prägungen und Abneigungen stärker aus. Durch diesen Filter des Egobewusstseins betrachtet der Mensch fortan sich selbst und seine Umwelt. Da die Natur des Egobewusstseins Getrenntheit ist, erzeugt es Gedanken, Gefühle und Handlungen auf der Basis von Angst und Mangel, von Konkurrenz und Gegeneinander, und erschafft so Leid und Drama im eigenen Leben wie auch im Umfeld. Die Erfahrung der Einheit ist verschwunden.

˙Doch was war der Sinn davon – wozu hatten wir Menschen ein Ego, wozu diese Art von dualitätsgebundenem Verstand, wozu das Ichbewusstsein? War das wirklich nötig? Hätten wir Menschen nicht einfach im Ozean der Einheit verbleiben können, ohne das leidvolle Erleben von Ego, Getrenntheit und Dualität?

Neugierig stellte ich Christus diese Frage.

»Das ist das Spiel der Schöpfung«, antwortete er. »Nur so kann das Eine sich selbst erfahren. Wenn alles eins ist, in dieser Einheit ruht, ohne Bewegung oder Ausdruck, erfährt es sich nicht selbst. Die Einheit muss sich selbst in der Vielfalt erfahren, um sich selbst erkennen zu können, um sich ihrer selbst bewusst zu werden.

In dieser Welt der Dualität ist es möglich, dass ES – in einer Form wie in deinem Geist-Körper-Organismus – die Welt durch dich erfährt. Nur aus der Getrenntheit heraus ist der Blick auf die Einheit möglich. Nur aus der Nicht-Einheit ist das Erkennen der Einheit möglich. Wenn alles ein unterschiedsloses Meer der Einheit ist, ist kein Erkennen möglich.« Dazu zeigte er mir folgendes Bild, das er schrittweise erläuterte:

Einheit und Vielfalt

In diesem Bild stellen die Berge, die sich wie Inseln aus dem Ozean erheben, die verschiedenen Erscheinungsformen der Schöpfung dar – Menschen, Tiere, Pflanzen, Berge, Sterne, aber auch ganze Universen. Auf den Menschen bezogen, symbolisiert ein Berg unseren Körper, durch den das Bewusstsein das Leben erfährt.

Erst dadurch, dass sich ein Berg aus dem Ozean der Schöpfung erhebt – dass ein Mensch als Individuum existiert –, entsteht eine Perspektive, die uns befähigt, uns selbst und all die anderen Formen der Schöpfung wie auch den Ozean zu betrachten. Ausgestattet mit Körper, Bewusstsein und reflektierendem Verstand als Werkzeugen, ist es dem Menschen möglich, aus der scheinbaren Getrenntheit heraus auf den Ozean und die Schöpfung zu blicken und schließlich die Freude zu erleben, die sich mit dem Erkennen des großen Zusammenhangs einstellt.

»Erst aus der Erfahrung der Getrenntheit der Form ist der Blick auf das EINE möglich – und Erkennen. Wenn du das geschaut hast, weißt du, was wahr ist. Dann kann dich das Ego mit seinen Tricks nicht mehr verwirren«, sagte Christus.

Alle Seinsformen – Menschen, Pflanzen, Tiere, Steine, Bäume, Grashalme und Sterne – sind wie Inseln, die aus dem Ozean emporwachsen, wobei ihre unsichtbare Basis stets mit dem Ozean verbunden bleibt. Irgendwann sinkt alles mit einem Seufzer in den Ozean zurück. Alle Formen sind nur Erscheinungen, die nach einer flüchtigen Sekunde der Existenz in das Meer der Formlosigkeit zurückkehren.

In tiefer Meditation, losgelöst vom Verstand und von den Sinneswahrnehmungen, die scheinbare Getrenntheit reflektieren, können wir die Verbindung mit dem Urgrund allen Seins spüren.

Das Bild erklärte zwar den Sinn der körperlichen menschlichen Existenz wie auch des reflektierenden Verstandes, doch welche Rolle genau hatte nun das Ego in diesem Spiel der Schöpfung? War es tatsächlich erforderlich?

9

Vom Ego zum Bewusstsein

»Kommt das Ego eigentlich von Gott?« Wenn doch alles, was existierte, aus derselben Quelle stammte, dann …

»Das Ego ist Ausdruck eines Menschen, der sich von Gott entfernt hat«, antwortete Christus.

»Entfernt oder getrennt?«

»Beides.«

»Aber wenn doch alles, was existiert, den göttlichen Funken in sich trägt, wie du erklärt hast, wieso dann nicht auch das Ego?«

»Das Ego ist eine Illusion«, gab Christus zurück. »Es ist nicht wirklich. Es ist eine Illusion und agiert innerhalb einer selbst erschaffenen Illusion. Und diese Illusion ist sehr überzeugend, so überzeugend, dass ihr ihr Glauben schenkt und darüber vergesst, wer ihr wirklich seid.«

»Wodurch entstand das Ego?«

»Durch eine verwirrte Art zu denken. Durch Konzepte und Annahmen statt durch direkte Erfahrung und direkte Wahrnehmung. Es ist ein Mantel aus Ideen, aus dem, was ihr »Wissen« nennt, aus Konzepten und Verhaltensregeln – doch all das verdeckt die direkte, reine Erfahrung. Aus der Masse dieser Irrtümer entstand das Ego, welches fortbesteht, solange ihr ihm Bedeutung beimesst.«

Er erklärte, wie eine komplexe künstliche Identität – das Ego – entsteht: durch Identifizierung eines Menschen mit seinem Namen, Körper, Gedanken und Gefühlen, mit individuellen Neigungen, Abneigungen, Erwartungen und Wünschen, mit familiärer und kollektiver Geschichte, Kultur und Religion, mit erworbenem Wissen, Titeln, Besitz, Überzeugungen und Erfahrungen. Diese künstliche Identität wirkt wie eine Milchglasscheibe und verschleiert unsere Wahrnehmung – sowohl von uns selbst als auch von der Realität. Dagegen bleibt das wahre Selbst eines jeden Menschen von allen Konzepten stets unberührt.

»Also ist das Ego eine Ansammlung falscher Überzeugungen?«

»So könnte man es nennen. Überzeugungen über dich und die Welt. Einen Großteil davon habt ihr übernommen – von den Eltern, den Großeltern, von den Lehrern, der Kirche, der Gesellschaft …«

»Dann ist es möglich, ohne Ego zu existieren?«

»Aber ja, bestens sogar! Ohne Ego ist das Leben freudvoller, klarer, effektiver, schöner und erfüllender.«

»Ich dachte immer, wir brauchen das Ego zum Überleben …«

»Nein, das ist nicht so. Euer Ego ist es, das den natürlichen Fluss der Dinge stört und Disharmonie, Leid, Elend, Armut und Getrenntheit erzeugt. Wenn ihr nicht störend eingreifen würdet, wäre die Erfahrung des Lebens eine freudvolle harmonische Erfahrung, mühelos und natürlich, und ihr wärt stets versorgt mit allem, was ihr braucht. Kehrt dem Ego den Rücken, und ihr kehrt zurück in den natürlichen Zustand der Harmonie und Einheit.«

»Wie funktioniert das – wie können wir uns vom Ego zum wahren Selbst bewegen?«

»Wenn ihr begreift, dass der Ego-Verstand niemals die Wahrheit erkennen kann, wird er an Bedeutung verlieren. Nicht in dem Sinne, dass er nicht mehr funktioniert. Sondern in Bezug zur Erkenntnis dessen, was wahr ist. Die Wahrheit kann nur erfahren werden, wenn das lärmende Denken stillsteht. Dies geschieht, wenn ihr vollkommen gegenwärtig seid, etwa versunken in die Betrachtung einer schönen Blume. Dann erfahrt ihr Einheit – plötzlich sind alle Konzepte, Worte und Schleier fort. Ihr und die Blume seid eine Einheit, da ist kein Benennen, kein Werten, kein Verstehen-Wollen mehr. Was dann bleibt, ist das Sein selbst, und du erfährst dich als dieses Sein, das sich durch dich ausdrückt ebenso wie durch die Blumen, Bäume und Wolken.«

In seiner herrlichen Gestalt vor mir stehend, deutete Christus zur Seite und meinte: »Siehst du diesen Baum? Ein Baum vergisst niemals, dass er ein Baum ist. Er ist und bleibt ein Baum. Seine ganzen Lebensäußerungen sind dem EINEN unterworfen. Er hat sich nie abgetrennt.«

»Aber das Bild vom Berg, der auf den Ozean ›blickt‹, vom Menschen, der auf die Schöpfung schaut, zeigt doch, dass der Ego-Verstand notwendig ist, damit Selbsterkenntnis überhaupt möglich ist?«

»Das individuelle *Bewusstsein*, mit dem ihr ausgestattet seid, ist in der Tat zum Erkennen-Können gedacht. Zum Erkennen der Einheit in der Vielfalt, zum Erkennen des Einen Geistes in und hinter allem. Doch der reflektierende Verstand ist sehr weit in die Trennung gegangen, so weit, dass ihr euren Ursprung vergessen habt. Und durch dieses Vergessen entsteht Leid.

Doch wenn du das EINE geschaut hast, weißt du, was wahr ist. Dann kann dich das Ego nicht mehr irreführen. Das Ego kann Gott nicht erkennen. Der Verstand kann darüber philosophieren und großartige Theorien aufstellen, aber er kann Gott nicht erfahren. Das ist nur möglich, wenn du jenseits des Verstandes gehst und still wirst wie ein spiegelglatter See. Und wenn du dann die Erfahrung des All-Einen Geistes gemacht hast, der in und hinter allem ist, dann wirst du fortan über die Versuche des Verstandes lachen, Gott zu erfassen, was schlicht unmöglich ist. Es kann nur erfahren werden.

Sobald ihr euch an eure Wurzeln erinnert und zur Quelle zurückkehrt, setzt Heilung ein. Dann, in diesem erweiterten Bewusstseinszustand, könnt ihr es genießen, auf dem Berg zu stehen und die Vielfalt zu erblicken, *während ihr gleichzeitig eure Verbindung mit dem Ozean, dem Urgrund allen Seins spürt.* Diese Verbindung zu fühlen ist das Entscheidende. Dann kann Gott, der Vater, mit euch kommunizieren.«

»Wie unterscheidet man die Stimme des Egos vom Ruf des Herzens?«

»Das Ego handelt aus Mangel, aus Angst, aus dem Gefühl unvollständig zu sein oder aus der Angst, etwas zu verpassen. Das Herz [Anmerkung: das Eine Sein] folgt der Freude, der Liebe. Da ist eine unerklärliche Freude, ein Leuchten in deinen Augen, ein inneres Wissen, dass das, was du fühlst, ohne jeden Zweifel vollkommen richtig ist, auch wenn logische Verstandesargumente dagegen sprechen. Diese innere Stimme – es ist mehr ein Gefühl – leitet dich zuverlässig und ist häufig verbunden mit einem Gefühl von Weite oder Wärme.«

Auf der Reise nach innen, die Christus angedeutet hatte, wendet sich der Fokus eines Menschen zunehmend vom Egobewusstsein hin zum All-Einen-Bewusstsein. Dabei wird erkennbar, wie sehr sich der Verstand eine eigene Welt innerhalb der Welt konstruiert hat, die nach den Prinzipien der Dualität funktioniert, jedoch nicht darüber hinaus.

Indem die innere Reise von der Dualität zurück in die Einheit führt, von der Begrenztheit zur Grenzenlosigkeit, weitet sich die Perspektive des Reisenden über die Grenzen der Dualität hinaus. Die Getrenntheit wird verlassen, um eine viel umfassendere Realität zu entdecken, welche die uns bekannte, sichtbare Welt mit einschließt. Das Göttliche wird dann unmittelbar erfahrbar, und das verbindende Eine wird in der Vielfalt der Schöpfung erkannt. Und das wiederum ist der Auftakt zu einem einzigartigen Abenteuer – der Reise in und mit Gott.

10

Fülle – mit jedem Schritt

Heute bin ich Gott begegnet.

Es war ein unerklärlicher, magischer Moment. Nach einer Wanderung durch herrliche, saftig grüne Wiesen ruhte ich mich auf einer kleinen Steinmauer aus, die sich zwischen den Feldern entlang erstreckte. Die Sonne schien warm, und in der Nähe sang eine Amsel ihr Frühlingslied. Die Natur sprühte vor Kraft und Lebendigkeit. Hier ein frisch gepflügter, rostroter Acker, dort ein zartgrünes Getreidefeld. Unter den blühenden Mandelbäumen, im grünen Gras der kleinen, terrassenförmig angelegten Felder grasten Schafe und Ziegen, und der laue Wind trug das heitere Geläut ihrer Glocken herbei.

Mein Blick wanderte langsam über die farbenfrohe Landschaft zu den fernen, dunkelgrün geschwungenen Bergrücken und gen Himmel – und da sah ich sie. Mitten in der wolkenlosen, azurblauen Weite des Himmels schwebte wie ein Wunder eine einzige, aus zarten Wolken geformte vollkommene Taube. Niemals zuvor hatte ich etwas so Schönes am Himmel erblickt. Im selben Augenblick nahm ich eine göttliche Kraft wahr, die mich einzuhüllen begann, bis sie mich ganz und gar erfüllte. Ich wusste, es war ein Zeichen von Ihm. Tief berührt ging ich in der Umarmung dieser göttlichen Kraft auf.

Danach geschah etwas Seltsames. Ich konnte mich nur noch im Zeitlupentempo bewegen – als wenn ich von einer anderen Kraft gelenkt würde. Nicht ich bestimmte das Tempo, sondern Es, jene Kraft, die zugleich auch die Richtung meiner Schritte steuerte. Meine Wahrnehmung der kleinsten Dinge am Wegesrand – der

Grashalme, der im Asphalt eingewachsenen kleinen Blumen, der Kieselsteinchen – war zugleich überscharf, als würde ich die Welt durch eine Lupe betrachten. Im Zeitlupentempo mich vorwärts bewegend, erblickte ich Schritt für Schritt lauter faszinierende Wunder des Mikrokosmos, die ich unter gewöhnlichen Umständen nicht wahrgenommen hätte.

Als ich fast ein Spinnennetz streifte, das an einem niedrigen Ast hing, schrak ich zurück. Spinnen betrachtete ich bislang eher mit Unbehagen. Doch in diesem Moment hörte ich Ihn erklären, dass dieses Geschöpf nicht weniger wert sei als ich selbst, und dass es zudem perfekt sei. Ich fühlte mich ertappt und blieb stehen, diesmal, um die Spinne ohne Furcht zu betrachten.

Das Netz war wirklich wunderschön, und mit einem Mal konnte ich die Schönheit und die Vollkommenheit dieses Geschöpfes erkennen. Fasziniert und nun frei von Unbehagen schaute ich eine ganze Weile zu, wie die Spinne emsig ihr kunstvolles Netz webte. Auf diese Weise hatte ich eine Spinne noch nie betrachtet. Es war ein großartiges Erlebnis, und ich fühlte mich reich beschenkt.

Anschließend führte mich jene lenkende Kraft zu einem wahrhaft spektakulären Aussichtspunkt, wo in atemberaubender Schönheit, Freiheit und Weite Meer, Himmel und die untergehende Sonne ineinanderflossen – ein überwältigendes Panorama von einer fast unsäglichen Schönheit und Vollkommenheit.

Und die Stimme des Einen sprach: »Siehst du jetzt, wie sehr ich euch liebe? Dies ist mein Geschenk für euch.«

In jenem Augenblick wurde mir bewusst, wie oft wir diese Geschenke verpassen, weil wir durch die Welt eilen. Und in Gedanken notierte ich mir:

Für das Wahrnehmen der Fülle muss man sich Zeit nehmen. Zeitlose Zeit.

11

Der Einheit entgegen

Leise raschelnd fuhr der Wind durch die Blätter der Bäume. Es war bereits Mittag, und die Sonne schien kräftig.

Ich dachte über das letzte Gespräch mit Christus nach. In der Vergangenheit hatte ich herrliche Momente der Einheit und Verbundenheit mit der gesamten Schöpfung erlebt. Dann wieder gab es Zeiten, in denen ich diese Verbindung nicht mehr spürte und unter dem Gefühl der Getrenntheit litt. Wenn es noch dazu im täglichen Leben nicht besonders gut lief, versank ich schnell in Selbstmitleid, grollte Gott und der Welt und verlor die größere Perspektive aus den Augen.

»Woher kommt die Neigung, mich im Leid zu vergraben?«, wandte ich mich daher an Christus.

»Leiden wollen oder sich im Leid vergraben ist das Gegenteil von Verantwortung tragen«, erwiderte Christus und fügte hinzu: »Gott fürchtet sich nicht davor, Verantwortung zu tragen.«

Was genau meinte er bloß damit? Ich sann darüber nach und erkannte, dass sich mein Ego vor der Verantwortung, Macht und Größe fürchtete, die sich daraus ergeben würde, das zu leben, was wir in Wahrheit sind – göttliche, schöpferische Wesen. Und diese Furcht wiederum wurzelte in dem Gefühl der Getrenntheit. Dagegen konnte ich deutlich spüren, dass durch die Identifikation mit dem Ozean, dem Urgrund allen Seins, dieses Problem restlos gelöst wird, sodass es schlicht nicht mehr existiert.

Christus erklärte weiter: »Niemand trägt Verantwortung. Gott ist, Gott atmet, Gott lebt. Verantwortung im herkömmlichen Sinn ist eine Konstruktion des Egos. Heimgekehrt in den Ozean – den Schoß der Mutter, des Vaters, des Seins –, entfaltet sich Es, das reine Sein, durch dich. Leiden wollen löst sich auf. Verantwortung tragen löst sich auf. Bezeichnungen lösen sich auf. Es geschieht, Es handelt. Spontan und frei drückt sich das reine Sein durch dich im Leben aus.

Wann immer du Leid in dir fühlst, halte inne und frage dich: *Was erzeugt dieses Leid?* Ist es ein Gedanke? Ein Wunsch? Ein unerfüllter Plan? Wenn ich all das loslasse – was will mein Herz?

Frage dich das in den Momenten, wo du Leid empfindest. Und dann folge dem, was dein Herz dir sagt. Das wird dich glücklich machen. Die Gedanken machen dich nicht glücklich.«

»Stimmt. Selten.«

»Das Gefühl, das direkt aus dem Herzen kommt – dort ist die Endstation der Sehnsucht. Wenn das Herz rein und unverfälscht spricht, empfindet, dann seid ihr selig. Übergib dich einfach nur deinem Herzen, ertrinke in deinem eigenen Herzen, ertrinke in der Liebe. Und sieh, was geschieht …«

Das klang verlockend. Was die Sache mit der Verantwortung betraf, bat ich Christus, mir dies noch genauer zu erklären.

»Wenn man keine Verantwortung mehr trägt, wie funktioniert dann das Leben? Bricht dann nicht Chaos aus?«

Lächelnd blickte er mich an. »Was geht, ist die Verantwortung, wie das Ego sie erschafft. Was kommt, ist die Einheit mit allem Sein. Wenn du aus dieser Einheit heraus handelst, wird alles, was du tust, davon durchdrungen sein. Verantwortung im üblichen, bisherigen Sinn ist eine Konstruktion des Egos, die auf den Prinzipien von Gut und Böse, Richtig und Falsch beruht. In der Einheit existiert keine Polarität. Da ist nur Einheit, Sehen der Einheit, Fühlen der Einheit, Handeln in Einheit. Das ist ein völlig anderes Erleben, das der Verstand nicht begreifen kann. In der Einheit, Einheit seiend, handelst du aus der Größe heraus, die du bist. Das bedeutet nicht, Schädliches klaglos zu akzeptieren.«

»Was bedeutet es dann?«

»Es bedeutet zu tun, was notwendig ist. Zu tun, was angemessen ist.«

»Wer sagt, was angemessen ist? Ist es dann nicht doch wieder das Ego?«

»Wenn das EINE dich führt, weißt du, was angemessen ist – ohne jeden Zweifel. Das EINE ist jenseits von Zweifel. Handlung erfolgt, Nicht-Handlung erfolgt. Ausdruck erfolgt, Nicht-Ausdruck erfolgt. Das EINE ist immer da. Wenn du deine Schleusen öffnest, kann dich der Ozean durchströmen. Er wischt alle Formen und Konzepte fort und bringt den Geschmack der Einheit, bringt dich heim. Dann beginnt der Tanz des Lebens in dir.«

»Das klingt wundervoll«, gab ich begeistert zurück.

Er lächelte. »Es gibt nichts Besseres, als in der Welt meines Vaters vollkommen daheim zu sein.«

Seine Worte machten deutlich, dass aus der bewussten Verbindung mit unserem Urgrund ein weit umfassenderes Verständnis des Lebens erwächst, verbunden mit der Fähigkeit, auf neue Weise Verantwortung zu übernehmen. Man gelangt zu einer neuen Sichtweise: Die Perspektive der Einheit ermöglicht ein mitfühlendes Betrachten des Lebens – auch des eigenen –, wie es sich zwischen den Polen der Dualität abspielt, und dies wirkt sich wiederum auf die aktiven Handlungen im täglichen Leben aus. Gleichzeitig schenkt die Verbindung mit dem Urgrund ein herrliches Gefühl von Geborgenheit und Verbundenheit mit allem Sein.

»*In der Welt meines Vaters* – was genau meinst du eigentlich damit?«

»Das ist mit Worten schwer zu beschreiben. Es geht darum, dass keine Trennung mehr zwischen Gott und dir existiert. Du und Gott – ihr seid eins. Das ist es, was ich mit *Heimkehr in meines Vaters Reich* gemeint habe, das ist das Himmelreich.«

»Ich verstehe. Und du lebst ständig in diesem Zustand?«

»So ist es. Deswegen kann ich der materiellen Welt gebieten. Die Energie, die Grundsubstanz – alles ordnet sich der Liebe unter.«

»Und dieser Zustand des Einsseins mit Gott ist für uns alle erreichbar?«

»Selbstverständlich. Es liegt an euch, wie schnell oder langsam ihr euch darauf zubewegt und zu wie vielen Kurven oder ›Verren-kungen‹ ihr euch auch immer entscheidet. Am Ende kehrt alle Schöpfung zum Ursprung zurück.

Ihr könntet euch also ruhig mehr entspannen und dieses Expe-riment des Lebens als eine freudvolle Erfahrung genießen. Die Freude kommt durch die Verbindung mit dem Vater – du kannst auch sagen: mit dem Göttlichen, dies mag für manche besser pas-sen. Und den Zugang zu dieser Verbindung, zu dieser Freude findet ihr über euer Herz, es ist ein goldenes Tor. Schließt es auf, dahinter ist das Himmelreich. Nur versucht nicht, dies mit dem Verstand erfassen zu wollen, das ist unmöglich. Gebt eurem Herz das Zep-ter in die Hand, es wird euch sicher führen.

Und ja – um auf deine unausgesprochene Frage einzugehen –, manchmal tut der Ego-Verstand, wie ihr ihn nennt, so, als sei er das Herz. Der Verstand kann aber in euch nicht dieses Gefühl von Liebe, Wärme und Verbundenheit erzeugen, das ihr fühlt, wenn ihr im Herzen seid. Das ist ein wichtiges Unterscheidungsmerk-mal. Spürst du die Wärme und Energie während unserer Unter-haltung?«, wollte Christus wissen.

»Ja, es fühlt sich wunderbar an.« Ich spürte ein herrliches Ge-fühl von Eingehülltsein in seine liebevolle, kraftvolle Präsenz.

»So fühlt es sich an, wenn das Herz spricht, wenn das Herz fühlt, wenn das Herz regiert. Achtet auf dieses Gefühl, es kann euch sehr helfen, Illusion und Wahrheit zu unterscheiden.«

Und lächelnd fügte er hinzu: »Gönnt euch mehr Freude. Freude öffnet das Herz. Es ist wichtig, dass ihr euer Herz wieder spürt. Erst dann erkennt ihr den Unterschied. Dann könnt ihr wählen, wem ihr das Zepter geben wollt – dem Verstand oder dem Herzen.«

Noch bevor es mir gelang, die Frage auszusprechen: ›Funktio-niert der Verstand dann noch, wenn wir dem Herz das Zepter über-geben?‹, antwortete Christus bereits: »Wenn das Herz regiert, funk-tioniert der Verstand besser, brillanter und perfekter als je zuvor.«

12
Die Spurrille

Es war ein herrlicher sonniger Morgen. Die Vögel sangen, spiegelglatt und silbrig schimmernd lag das Meer da. Alles war friedlich, voller Schönheit und Harmonie.

Selig betrachtete ich die Landschaft, als mit einem Mal vor meinem inneren Auge ein seltsames Bild erschien: eine kreisförmige Holzrinne ähnlich einem Kinderspielzeug, durch das man Murmeln laufen lassen kann. Gewöhnlich besteht dieses Spielzeug aus einer zickzackförmigen, stark geneigten Rinne, in die man oben eine Murmel hineinlegt. Sie durchläuft die Rinne und rollt am Ende durch ein Loch hinaus.

Die Hohlrinne, die ich nun sah, formte jedoch einen in sich geschlossenen, ebenerdigen Kreis. Im Zentrum des Kreises befand sich das Zielloch. Doch es führte keinerlei Verbindung von der Rinne zum Loch im Zentrum.

Als ich verwundert das Bild betrachtete, hörte ich Seine Erklärung: »Der Geist, wie brillant er auch immer ist, kann zwar damit spielen und versuchen, die Wahrheit zu erfassen, das Nicht-Sichtbare, nicht Erklärbare in Worte zu fassen, es wird ihm jedoch nie gelingen. Er ist wie eine Kugel, die auf einer festen Spurrille um das Zentrum kreist, doch die Spurrille selbst führt nicht zum Zentrum. Erst wenn der Geist schweigt, bist du im Zentrum der Welt. Dann siehst, fühlst und hörst du wahrhaftig – auf eine völlig andere Weise.

Weil der Verstand begrenzt ist, kann er die Unendlichkeit, die Quelle nicht begreifen, wie sehr er es auch versucht. Er rotiert um sich selbst. Doch wenn er schließlich aufgibt, stillsteht, kannst du die Quelle erfahren.«

In gesegneten Momenten, etwa beim Anblick großer Schönheit, hatte ich dies bereits erlebt. So überwältigend, befreiend und friedvoll diese Erfahrungen auch jedes Mal waren, so hatte ich sie doch bisher als Zustände erlebt, die nicht von Dauer waren.

»Und dann tauche ich wieder aus dieser Erfahrung der Quelle hinaus, verliere es wieder … »

»Das ist das Spiel. In Wirklichkeit tauchst du nicht aus, sondern der Verstand taucht wieder auf und übernimmt die Regie, und damit verändert sich deine Perspektive. Sie wird wieder begrenzter. Die Quelle, das Unendliche ist dennoch da – immer und ewig.«

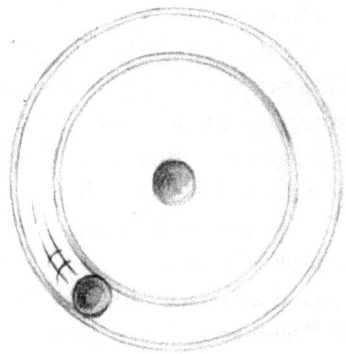

Die Spurrille des Verstandes. Kugel außen: rotierender Gedanke

Seither erinnert mich dieses Bild daran, dass der Verstand nicht zum Zentrum des Seins, zur absoluten Wahrheit vordringen kann, wie sehr er sich auch bemüht. Man kann die Murmel nicht mit dem Verstand einlochen. Den Weg zum Zentrum, zum Urgrund allen Seins kennt nur das Herz.

Wenn der Verstand schweigt, löst sich das ›Ich‹ wie eine Wolke am Himmel auf. Gedanken gehen. Entzücken bleibt.

Man kann diesen Zustand nicht suchen, sondern er geschieht, indem man sich einlässt, loslässt und hingibt.

13
Die Frequenz des Paradieses

Am nächsten Morgen erwachte ich mit der Anweisung, die Fülle in jedem Augenblick *bewusst* wahrzunehmen. Ich hatte nicht darüber nachgedacht – diese Eingebung war einfach da, und ich begriff sie als einen Auftrag.

Als ich vor die Tür der kleinen Blockhütte trat, prangte ein außergewöhnlich schöner Regenbogen am Himmel. Statt wie üblich nur einen kurzen Blick darauf zu werfen und dann wieder zur Geschäftigkeit überzugehen, verharrte ich diesmal der Weisung folgend und tat bewusst nichts, als den Regenbogen ausgiebig so lange zu bestaunen, bis ich schließlich ganz und gar davon erfüllt war. Es fühlte sich großartig an.

Die Lektion bestand also darin: Wunder kann man nicht auf später verschieben. Man muss sie jetzt genießen – genau dann, wenn sie einem geschenkt werden. Nur dann kann man ihre ganze Herrlichkeit zutiefst auskosten.

Wenig später schlenderte ich über einen Flohmarkt. Die Sonne schien warm, und ich ließ mich an den Ständen vorbeitreiben. Mit einem Mal fühlte ich mich wie magnetisch von einer Gruppe uralter Eukalyptusbäume angezogen. Am Stamm eines der riesigen Bäume lehnend, beobachtete ich glücklich das rege Geschehen. Obwohl es eigentlich ein gewöhnlicher Kunsthandwerksmarkt war, fiel mir plötzlich auf, dass irgendetwas besonders war. Fast schien es, als hätte sich die Realität auf magische Weise verändert.

Merkwürdig und ungewöhnlich bunt gekleidete Menschen spazierten zwischen den Verkaufsständen umher, an denen farbenfrohe Tücher im Wind flatterten. Ein barfüßiges, zerzaustes Zigeunerkind tollte glücklich und ausgelassen einem goldfarbenen Hund hinterher. Von irgendwoher ertönten leise Geigenklänge.

Seltsam.

Das alles erinnerte an eine mittelalterliche Marktszene mit Spielleuten, wie sie in einem Buch beschrieben war, das ich am Abend zuvor gelesen hatte. Nun spielte sich eine ebensolche Szene unmittelbar vor meinen Augen ab – als hätte sich das Universum der Vorlage angenommen. Doch nicht nur das. Über allem lag zudem ein spürbarer Zauber, ein nahezu greifbares Feld aus Glück, Frieden und vollkommener Harmonie, das mit Worten kaum zu beschreiben ist. Es *war* eine andere Welt, und deren magische Schönheit berührte und verzauberte mich zutiefst.

Mit einem Mal tauchte ein Spielmann mit einer Ziehharmonika auf, in eine bunte mittelalterliche Tracht gekleidet. Er blieb in einiger Entfernung vor mir stehen und sang ein Lied über das Glück von solcher Schönheit, dass mir die Tränen in die Augen stiegen. Die Erfahrung jener ›anderen‹ Welt war vollkommen überwältigend. Überall schien mehr Licht zu sein, die Farben leuchteten heller und intensiver, und alles fühlte sich unglaublich harmonisch, ja, fast heilig an.

Nach einer Weile schlenderte ich auf die andere Seite des kleinen Marktes. Auch dort war alles von einer solch außergewöhnlichen Schönheit, dass ich mich kaum sattsehen konnte: der wolkenlose, strahlend blaue Himmel, in den hoch die leuchtend grünen Bäume ragten, die graublauen, mächtigen Berge im Hintergrund, die bunten Stände, die fröhlichen Farbtupfer der Blumen am Rand … Das alles war von einem außergewöhnlichen Leuchten umgeben und mit greifbarem Frieden, Gnade und ungeheurer Lebendigkeit erfüllt. Niemals zuvor hatte ich etwas Vergleichbares erlebt. Und plötzlich wusste ich mit absoluter Gewissheit: Dies war die Frequenz des Paradieses.

Wohin ich mich auch wandte – ich erblickte nichts als überwältigende Schönheit, die in mich hineinfloss, bis sie mich ganz und gar erfüllte und ich eins damit wurde. Kein Bedürfnis war mehr da, irgendetwas zu tun. Jene höhere Kraft – ES in mir – liebte alles, wie es war. Selbst das rostige Auto in der Nähe, selbst den Geruch nach Dieselöl. Da war nicht einmal der Gedanke, dass etwas nicht perfekt sei.

Als schließlich das Verlangen nach einer Tasse Kaffee in mir auftauchte, schlenderte ich im Zeitlupentempo zu einer nahe gelegenen kleinen Bar. Sie wirkte ein wenig heruntergekommen. Während ich auf den Kaffee wartete, fiel mein Blick auf die Wand hinter der Theke, und unvorbereitet traf ER mich ein weiteres Mal ins Herz.

Dort an der Wand hing jenes Bild, das in der Vergangenheit stets in außergewöhnlich gesegneten Momenten aufgetaucht war, wie ein Zeichen: Ich blickte in das Abbild Seines Gesichts auf dem Turiner Grabtuch. Schlagartig hüllte mich Christus' Präsenz ein, und erneut liefen mir Tränen über die Wangen. Tränen schienen einfach ein Bestandteil dieser ganz und gar ungewöhnlichen Erfahrung zu sein.

Als ich später in den Schatten der Eukalyptusbäume zurückkehrte, kam der Spielmann erneut vorbei. Diesmal trug er eine bunte Vogelmaske und spielte auf einer Geige. Entzückt lauschte ich seinem Spiel, bis er plötzlich ausrief: »Happy, happy, happy!« Und als hätte sich etwas gelöst, blickte jene Kraft, die alles lenkt, durch meine Augen glücklich in den Himmel hinauf zu den Kronen der herrlichen Bäume und war einfach EINS.

14

Folge deinem Herzen

Satt und grün breitete sich die Wiese vor mir aus. Die Sonne schien, und ein Vogel sang sein herrliches Lied.

Wie war es möglich, *dauerhaft* einen Zustand von Erfülltheit und innerem Frieden zu erleben, statt zwischen den täglichen Hochs und Tiefs wie ein Pingpongball hin und her zu pendeln? Nach all den Erlebnissen und Gesprächen mit Christus schien mir dabei Bewusstheit ein wesentlicher Faktor zu sein. Schließlich griff ich zu Zettel und Stift und stellte eine Liste an ›Werkzeugen‹ zusammen, die ich mit dem Titel *Schritte ins Paradies* versah.

Während ich schrieb, sah mir Christus im Hintergrund schweigend zu. Beim Punkt ›Selbstliebe‹ geriet ich ins Stocken. Bislang war mir das als eher schwierige, zuweilen auch unerfüllbare Aufgabe erschienen. Wie funktionierte Selbstliebe wirklich? Ratlos legte ich den Stift zur Seite und blickte Christus fragend an.

»Liebevoll dir selbst gegenüber zu sein bringt dich in die Frequenz von Liebe«, begann er zu erklären. »Dann bist du Liebe und schwingst in dieser Frequenz. Mehr gibt es nicht zu tun. Alles, was du ›tust‹, wird dann von dieser Schwingung durchdrungen. Wohin auch immer du gehst, dorthin trägst du diese Schwingung. Liebe SEIN – durch Liebevoll-zu-dir-selbst-Sein – ist deine Aufgabe. Damit lädst du das Paradies ein. Ihr dürft euch selbst nicht von der Liebe ausschließen, sonst funktioniert der Kreislauf der Liebe und Fülle nicht. Es muss bei euch selbst beginnen, mit euch selbst. Liebevoller Umgang mit euch selbst ist die Basis für Fülle im Leben, für Zufriedenheit, für das Empfinden von Glück.

Es geht nicht primär durch das Tun für andere – das ist ein Konzept des Verstandes. Doch der begreift ja das Sein nicht, wie du weißt. Es erzeugt vielleicht für einen Moment das Gefühl der Liebe, wenn du einem anderen Menschen etwas Gutes getan hast, doch dann verfliegt es wieder. Die Liebe zu dir selbst – deinem Herzen zu folgen und dies an die oberste Stelle zu setzen – hält dagegen die Schwingung der Liebe in dir aufrecht.

Das bedeutet nicht, dass ihr für andere nichts tun sollt oder dürft, ganz und gar nicht. Es geht um die Beweggründe: Tust du es aus Liebe, weil es dir dein Herz sagt, oder aus Verpflichtung? So ist zu verstehen, dass ich euch gesagt habe: *Liebe deinen Nächsten wie dich selbst.* WIE DICH SELBST. Diesen Teil habt ihr vergessen. Aber das Ganze, das Gleichgewicht der Schöpfung, funktioniert nur, wenn ihr euch selbst liebt. Wenn ihr euch selbst nicht infrage stellt. Nur wenn du dich selbst liebst, indem du deinem Herzen folgst, deiner inneren Stimme, durch die Gott – oder Es, wie du zu sagen pflegst – dich lenkt, ist die Tür offen, durch die Liebe und Fülle zu dir fließen können. Verstehst du das?« Fragend blickte Christus mich an.

»Ich glaube, ich brauche ein wenig Zeit, um die ganze Tragweite dessen zu erfassen, was du gesagt hast.«

Lächelnd half er mir auf die Sprünge: »Wie hast du es denn mit deinem Urlaub hier gehalten?«

Das Land war herrlich, und ich genoss den Urlaub in vollen Zügen.

»Ich habe mich für mich selbst entschieden.« *Darauf* wollte er also hinaus. Erst aus der absoluten Notwendigkeit, ausgelöst durch eine Erkrankung, hatte ich mich für das entschieden, wonach mein Herz sich sehnte – für einen Urlaub auf einer herrlichen Insel. Nach diesem Entschluss hatte ich sämtliche Verpflichtungen kompromisslos abgesagt oder so weit verschoben, dass ich wieder genügend Raum hatte, um einfach nur zu SEIN.

*

Paul, der sympathische Vermieter meiner kleinen Blockhütte, kam unerwartet vorbei und brachte mir frisches Brot und Trinkwasser – als hätte er geahnt, dass meine Vorräte gerade zur Neige gegangen waren. Eine willkommene Überraschung.

Wir plauderten ein wenig, und Paul fragte, ob er mir Karten für eine spezielle Theatervorstellung besorgen solle. Es war kaum zu glauben! Erst tags zuvor hatte ich beschlossen, dass zwei Karten für genau diese Vorstellung auf irgendeine Weise zu mir kommen sollten, denn ohne Auto von meinem abgelegenen Wohnort in die Stadt zu gelangen, um dort Karten zu kaufen, wäre zu kompliziert gewesen. Dabei hatte ich die völlig klare Absicht, dass es genauso sein *musste*, und sorgte mich nicht weiter darum. Paul wusste natürlich nichts von meinem Wunsch. Und nun wurde mir buchstäblich alles in den Schoß gelegt, was ich brauchte – Lebensmittel und sogar Theaterkarten.

Nachdem ich Brot und Wasser dankbar verstaut hatte, meinte Christus lächelnd: »Siehst du? So funktioniert das. Das Paradies ist so nah, dass ihr nur die Hände auszustrecken braucht. Eigentlich müsst ihr nicht einmal das tun. Ihr müsst lediglich bereit sein zu empfangen, euch öffnen und durchlässig werden für die Frequenz des Göttlichen – oder des Paradieses, wie du es beschrieben hast. Einfach, oder?« Er sah mich ermunternd an und ergänzte: »Die Schritte, die du formuliert hast, sind eine gute Hilfe auf dem Weg dorthin. Die Erfahrung des real existierenden Paradieses ist jedoch durch nichts zu ersetzen.«

Dass einem das Gewünschte tatsächlich in den Schoß fällt, war offenbar eine Begleiterscheinung der ›Frequenz des Paradieses‹, jenes Schwingungsfeldes, das die Realität auf geheimnisvolle Weise durchdrang und veränderte. Innerhalb dieses Feldes zu sein hatte etwas Magisches. Nicht selten schien es mir, als wenn alle, die sich darin befinden, durch Gnade berührt und gelenkt werden, sodass das Miteinander von einer außergewöhnlichen Harmonie und Freude geprägt ist. Innerhalb dieses Feldes können sich die üblichen Ego-Dramen gar nicht erst entfalten, da Liebe als eine vollkommen natürliche, selbstverständliche Kraft hinter allem wirkt und die Geschehnisse wie auch Handlungen lenkt, ohne dass man darüber nachdenkt. Es geschieht einfach, und es fühlt sich an wie der Himmel auf Erden.

*

Geschwind überflog ich die Notizen des Vormittags. Seine Aussage ›Liebe deinen Nächsten wie dich selbst‹ ging mir nicht aus dem Sinn – häufig vernommene Worte, doch die praktische Umsetzung gerade der letzten drei Worte erschien mir seltsam schwer. Andererseits hatte ich in seltenen Momenten der Gnade auch bereits erfahren, wie leicht es sein konnte.

In jenen Augenblicken hatte sich plötzlich meine Wahrnehmung verändert, und es war, als ob nicht mehr ich, sondern etwas Höheres durch meine Augen schaute. Und das, was dann schaute, sah nichts als Schönheit: Wie war es möglich, so etwas Erstaunliches wie die eigenen Hände, die Nase oder das Spiegelbild, das mir entgegenblickte, nicht zu lieben? Ich erfuhr einen intensiven Zustand staunenden Entzücktseins über diesen unglaublichen, wunderbaren Körper, und währenddessen erschien mir *diese* Art der Wahrnehmung absolut richtig, ja, die einzig mögliche. Als ich einmal während eines solchen Erlebnisses erstaunt nachfragte, *was* denn da durch meine Augen blickte – denn das bekannte ›Ich‹ war es keinesfalls –, erhielt ich als Antwort: »Liebe. Es ist Liebe, die durch diese Augen schaut.«

Damals schien es mir vollkommen unmöglich, jemals wieder durch die verurteilenden Augen des Verstandes zu blicken. Dann jedoch verebbte die außergewöhnliche Erfahrung wieder, und es gelang mir nicht, sie in derselben Weise erneut hervorzurufen. Seitdem jedoch weiß ich, dass eine vollkommen andere Sichtweise möglich ist – eine Wahrnehmung der Welt und der eigenen Existenz, die von Entzücken und Staunen geprägt ist, weil sie das Göttliche sieht.

»Warum fällt es mir – uns – so schwer, uns selbst zu lieben?«, griff ich das Gespräch wieder auf.

»Weil ihr sehr bald durch all die Konzepte, die man euch bereits als Kind auferlegt, durch die erlernte Einteilung in Gut und Böse, Richtig und Falsch von der Wahrnehmung meines Vaters abgeschnitten werdet«, antwortete Christus. »Statt dass euch beigebracht würde, wie ihr als Kinder diese Verbindung halten und weiter ausbauen könnt – was wünschenswert wäre, weil ihr dann ein wahrhaft paradiesisches Leben führen würdet«, lächelte er –, »werdet ihr tiefer und tiefer in die Wahrnehmung und Funktion der Dualität hineingezogen. Ihr lernt, in Getrenntheit zu denken, wahrzunehmen und zu handeln. So hält die Getrenntheit Einzug in euer Leben, und damit einher gehen Schmerz und Enttäuschung.

Wärt ihr in permanenter Verbindung mit dem Vater – was möglich ist –, würdet ihr die Ereignisse ganz anders erfahren. Einige würdet ihr aufgrund eurer veränderten Frequenz gar nicht erst anziehen. Andere würden euch nur am Rande streifen, aber nicht im Zentrum erschüttern, wie es jedoch geschieht, wenn ihr nicht in Form einer bewussten Hinwendung, mit dem Vater verbunden seid. *Wer im Hause meines Vaters wohnt, den kann nichts erschüttern.*«

»Die Liebe, das Aufrechterhalten der Verbindung – wie können wir das wieder erlernen?«

»Indem ihr übt, mit dem Herzen zu kommunizieren. Miteinander, mit den Tieren, mit den Pflanzen, mit allem, was im Garten meines Vaters an Schöpfung existiert. Der Film, der dir so gut gefällt, zeigt das auf sehr schöne Weise.«

Der Film *Die Prophezeiungen von Celestine*[2] faszinierte mich, weil er auf eindrucksvolle Weise zeigt, was mit gewöhnlichen Augen nicht sichtbar ist: die verborgenen Frequenzen in der Natur und im menschlichen Miteinander.

»Du hast gesagt, dass wir mit *allem*, was in der Schöpfung existiert, vom Herzen aus kommunizieren sollen«, nahm ich nach einer kurzen Pause das Gespräch wieder auf. »Doch was ist mit jenen Aspekten oder ›Wesenheiten‹, die uns nicht wohlgesinnt sind oder die uns Kraft rauben? Gehören sie auch zum Garten der Schöpfung?«

Wie auch in der materiellen, physischen Welt gab es auf nicht-materieller Ebene ebenfalls angenehme und weniger angenehme, engelhafte wie auch dämonische Energieformen. Das begann bereits bei den eigenen Gedanken und Gefühlen.

»Was meinst du?«, fragte Christus auffordernd zurück.

»Einige dieser ›Energiewesen‹ sind aus Angst erschaffen worden, Formen der Angst«, gab ich zurück. »Von uns erschaffen.«

»Richtig«, meinte er ermunternd.

»Also sind es abgespaltene Teile von uns selbst, manifestierte Angst«, überlegte ich weiter. »Manifestierte Getrenntheit?«

»Auch ein Teil davon«, antwortete Christus.

»Das Bewusstsein der Liebe ›schmilzt‹ also diese dunklen Aspekte hinweg«, versuchte ich mich. »Angst dagegen nährt sie. Aber nicht alles lässt sich einfach ›wegschmelzen‹, oder?«

»Die Kraft der Liebe besiegt alles«, erwiderte Christus. »Manchmal mit Sanftheit, manchmal mit Stärke oder scheinbarer Härte. Die kompromisslose Ausrichtung und Hingabe an die Kraft der Liebe ordnet letztlich alles. Manchmal erfordert die Liebe auch ein deutliches Durchgreifen, um die Dinge an ihren Platz zu bringen und Ordnung zu schaffen.«

Ich erinnerte mich an den Spruch ›Es gibt keine größere Kraft im Universum als die Liebe‹ – jene Kraft hinter und in allem, die sich dem reinen Herzen erschließt, wenn der Verstand schweigt.

»Liebe bedeutet nicht immer Sanftmut«, bemerkte Christus. »Liebe kann sich auch als gewaltige Kraft äußern wie die des Donners, aber auch im Gesang eines Vogels. Liebe ist die Kraft, die alles zusammenhält – sie ist im Toben eines Sturmes ebenso wie in den zarten Flügeln eines Schmetterlings.«

»Für den Verstand ist es schwer zu begreifen, dass Liebe da wirkt, wo wir nichts als zerstörerische Kraft sehen.«

»Du willst wissen, wie ihr die Liebe in der scheinbar zerstörerischen Kraft eines Sturmes erkennen könnt?«, griff er meinen

Einwand auf. »Über das Herz. Das Herz hat die Fähigkeit, euch die verborgene Wahrheit zu enthüllen, die ›Dinge hinter den Dingen‹ zu sehen. Über euer Herz seid ihr verbunden mit der größten Kraft – dem Vater, dem reinen Sein, der Liebe.«

15

Mit allem verbunden

An einer Tasse Tee nippend, genoss ich die herrliche Aussicht über
die hügelige Landschaft und das Meer mit seinen unterschiedlichen Schattierungen von Blau. Irgendwo bellten ein paar Hunde,
Vögel zwitscherten. Frühlingsstimmung lag in der Luft.

»Wollen wir weitermachen?«, fragte Christus auffordernd.

»Worüber wollen wir denn sprechen?«

»Über dein wahres Wesen«, entgegnete er und fügte hinzu:
»Über das wahre Wesen von euch allen. Erinnerst du dich an meine
Aussage: *Ich und der Vater sind eins?*«

»Hm.« Ich blätterte in den Aufzeichnungen, vergeblich danach
suchend. »Ich finde es nicht.«

»Das macht nichts. Wir fangen mit einem anderen Ansatz an.
Siehst du den Baum dort drüben?« Er wies auf einen einzeln ste-
henden Baum. »Sieh ihn an. Versuche, ihn zu fühlen«, meinte er
ermunternd.

Ich schloss die Augen und ließ mein Bewusstsein zu dem Baum
wandern. Als ich das Leben wahrnahm, das in ihm pulsierte, erkannte ich plötzlich, dass kein Unterschied bestand zwischen dem
Leben, das in dem Baum pulsierte, und demjenigen in mir selbst.
Ich erlebte es als *eins*.

»Genau«, meinte Christus, »du hast es erfasst. Da ist kein Unterschied. Es ist dieselbe Kraft, die das Leben in dir lenkt und pul-
sieren lässt wie auch in dem Baum oder in der weißen Blüte dort.«
Er wies auf eine wundervolle langstielige Blüte, die sich elegant
aus dem Blumenbeet emporreckte.

»Die Vögel«, fuhr Christus fort, »hast du es bemerkt? Du kannst dich auf ihre Energie einstimmen, und sie reagieren unmittelbar darauf.«

Tatsächlich hatte ich die Entdeckung gemacht, dass die Vögel in meiner unmittelbaren Umgebung einen exakten Spiegel meines Bewusstseinszustands bildeten. Öfter am Tag flogen ein paar winzige Vögel herbei, um sich auf den Lilien im Beet niederzulassen und an den Blütenpollen zu picken. Während ich ihnen dabei zuschaute, fiel mir auf, dass sich die Vögel exakt so lange zutraulich verhielten und sich in meiner Nähe wohlfühlten, wie ich sie frei von Gedanken voller Aufmerksamkeit und Freude betrachtete. Schweifte ich jedoch in Gedanken ab, reagierten die Vögel deutlich unruhig, als ob sie tatsächlich meinen unsichtbaren Gedankenlärm empfangen konnten.

Außerdem gab es einen Vogel, der sich öfter auf einem nahen Baum niederließ und bezaubernd sang. Manchmal schien zwischen diesem Vogel und mir eine Art Verbindung zu bestehen. Wenn diese Verbindung da war und ich nichts weiter tat, als gedankenfrei seinem Gesang zu lauschen, blieb er deutlich länger, sein herrliches Lied singend. Verlor ich mich jedoch in Gedanken, ohne ihn wirklich wahrzunehmen, sang er nur kurz und flog bald darauf davon. Dies ereignete sich wiederholt. Da es mir jedes Mal leidtat, wenn der Vogel fort war, ohne dass ich seinen Gesang wertgeschätzt hatte, übte ich von da an Achtsamkeit. Begann er zu singen, unterbrach ich meine jeweilige Tätigkeit und lauschte, bis ich völlig von seinem Gesang erfüllt war. Das verbindende Feld zu spüren, das dabei zwischen uns entstand, hatte etwas Heiliges.

Später entdeckte ich, dass es genügte, nur einen Teil meines Bewusstseins auf den singenden Vogel zu richten, um in Verbindung mit ihm zu bleiben. Dann sang der Vogel weiter, selbst wenn ich mich dabei bewegte oder las – solange nur ein Teil meiner Aufmerksamkeit bei ihm blieb. Das war mühelos möglich, die Absicht genügte.

Als mir schließlich klar wurde, dass die Kapazität unseres Bewusstseins offenbar so beschaffen ist, dass es mühelos möglich ist,

gleichzeitig die Frequenz der Einheit mit anderen Lebewesen aufrechtzuerhalten *und* währenddessen geistig konzentriert zu arbeiten, meinte Christus: »Jetzt fängst du an, das Potenzial auszu-
schöpfen, das euch gegeben ist.« Fasziniert notierte ich meine
Entdeckung: »Meine Bewegung ist ebenso Ausdruck desselben
Seins wie das Singen des Vogels. Es ist eins, verbunden durch
dasselbe Feld.«

»Das geschieht, weil ihr dieselbe Essenz habt«, kommentierte
Christus. »Es ist dieselbe Energie, die euch erschaffen hat – die
Steine, Blumen, Vögel und euch Menschen. Wenn ihr wieder lernt,
euch auf diese Energie einzustimmen, seid ihr heimgekehrt, verbunden mit aller Schöpfung, und das Gefühl der Getrenntheit
verschwindet.«

Später streifte ich durch einen weitläufigen Hain. Die Vögel sangen, und es herrschte eine Atmosphäre großen Friedens. Als ich
durch das raschelnde Laub unter den Bäumen schlenderte, fühlte
ich mich unvermittelt von einem bestimmten Baum angezogen.
Ich ließ mich auf einer kleinen Mauer in der Nähe des Baumes
nieder und sog die friedliche Atmosphäre in mich auf.

Plötzlich spürte ich deutlich, wie eine Welle der Liebe zu mir
strömte und mich einzuhüllen begann. Mir wurde sehr warm. Erstaunt wandte ich mich um – und entdeckte als Quelle dieser
Energie jenen Baum. Wie ein auf mich gerichteter Scheinwerfer-
kegel floss die Energie von ihm zu mir. Ich war äußerst verblüfft
und berührt. Die sanfte Kraft umgab mich einige Minuten lang,
bis der Baum sein Energiefeld wieder zurückzog. Diese faszinierende Erfahrung bestätigte mir unmittelbar, was Christus zuvor
erklärt hatte – dass dieselbe lebendige Energie alles beseelt.

16

Eine neue Realität

Nachdenklich blickte Christus in die Ferne.

Der Wind hatte den zartblauen Himmel hier und dort mit federartigen Wolkenschleiern überzogen, als ob ein Maler seinen Pinsel in weiße Farbe getaucht hätte, um mit ein paar eleganten Strichen das Himmelsgewölbe in ein hinreißendes Gemälde voller Leichtigkeit zu verwandeln. Fast schien es, als würde der Himmel vor Vergnügen lächeln.

»Du wolltest doch etwas über unser wahres Wesen sagen?«, hakte ich, an das letzte Gespräch anknüpfend, nach.

»Liebe ist euer wahres Wesen«, antwortete Christus. »Du hast begonnen, es wahrzunehmen, und es wird sich verstärken. Je mehr dieses Bewusstsein in dir erwacht, desto stärker wird die Kraft der Liebe, die durch dich fließt, und desto mehr wirst du in der Lage sein, diese Kraft überall wahrzunehmen. Dann entfaltet sich vor deinen Augen buchstäblich eine neue Realität, wie du es bereits zu erleben beginnst. Das ist euer wahres Wesen. Und je mehr ihr beginnt, das wahrzunehmen und euch dafür zu öffnen, umso näher seid ihr dem Paradies oder dem neuen Paradigma, der neuen Realität. Es ist im Grunde keine neue Realität, sondern eine andere, bereits bestehende, die ihr wählen könnt. Sie existiert bereits, wie du ja erfahren hast.«

Damit bezog er sich auf mein Erlebnis auf dem Künstlerflohmarkt vor wenigen Tagen, als ich plötzlich wachbewusst in eine andere Realität eingetaucht war, in der alles leuchtender, strahlender und voller Schönheit war.

»Es ist eure Wahl, ob ihr euch auf diese Kraft einstimmen wollt oder nicht. Wie ihr wählt, ist eure Sache, eure Freiheit. Niemand richtet über euch. Es ist einfach eure Freiheit der Wahl.«

Und nach einer kurzen Pause ergänzte er: »Wenn ihr euch entscheidet, euch auf das heilige Feld einzustimmen – etwas, das übrigens viele Urvölker beherrschen, weshalb sie nie so den Kontakt zur Natur, zur Schöpfung verloren haben wie die ›zivilisierten‹ Völker –, dann wird sich viel von dem Schmerz, vom Leid der Getrenntheit und dem daraus resultierenden Kampf gegeneinander, gegen euch selbst und gegen die Natur auflösen. Es wird einfach verschwinden, weil dafür keine Notwendigkeit mehr besteht. Es wird ein Aufatmen in euch und der gesamten Schöpfung sein. Das Joch der Getrenntheit fällt, und mit einem Seufzer der Erleichterung wird dies von der gesamten Schöpfung quittiert. Das Wesen, das aus dem harmonischen Konzert der Schöpfung ausgeschert war, in dem alles einen perfekten eigenen Klang hat und zusammen eine großartige Sinfonie ergibt, das Instrument, das dissonant geworden war – der Mensch –, findet zurück zum perfekten Klang, zur Harmonie.«

»Aber nicht alle werden zurückfinden?«, warf ich zweifelnd ein, angesichts des Chaos und der Zerstörung, die gegenwärtig in der Welt herrschten. Einige Menschen würden vermutlich in der alten Denkweise, den alten Strukturen und Machtspielen verhaftet bleiben.

»Es ist wie eine Welle, die diejenigen erfasst, welche bereit sind, und sie in den sicheren Hafen bringt«, erwiderte Christus. »Dort hört ihr das harmonische Konzert. Draußen mag der Orkan toben – verbunden mit dem Vater seid ihr jedoch immer in Sicherheit. Er wird euch führen, an die richtigen Orte und zueinander, sodass ihr gemeinsam ein immer stärkeres Feld aufbauen könnt, in dem es für euch eine Freude ist zu sein. Gemeinsam strahlt ihr eine Kraft, eine Frequenz aus, die die Welt verändert, so wie die Kraft der Liebe erkrankte Körperzellen heilt.«

War es nun, um die Zukunft zu realisieren, die Christus beschrieben hatte, erforderlich, dass die Menschen, die in einer ähnlichen Frequenz schwingen, auch tatsächlich physisch zusammenkamen? Und wie würde dies möglich sein?

»Nein, es ist nicht unbedingt nötig, dass ihr euch immer am selben Ort befindet«, gab er zurück. »Ihr seid ja bereits durch dasselbe Feld miteinander vernetzt. Aber es macht die Sache einfacher für euch und ist im Übrigen überaus vergnüglich, wie du ja erfahren hast.«

»Und die anderen?« Ich dachte über das symbolische Bild des sicheren Hafens nach. Was war mit denjenigen Menschen, die draußen im Meer blieben? Die Vorstellung einer elitären Gruppe einiger Menschen, die das Paradies erfuhren, während die anderen draußen im Ozean kämpften, weil sie noch nicht bereit waren, ihre wahre Natur zu erfahren, behagte mir nicht.

»Keine Sorge«, entgegnete Christus beruhigend, »jeder, wirklich jeder hat die Wahl, sich in dieses Feld hineinzubewegen. Jeder ist eingeladen. Jeder ist kostbar, jeden wird mein Vater mit offenen Armen empfangen. Niemand wird verstoßen. Er wartet mit offenen Armen auf euch und mit einer Liebe, die unermesslich ist für euer Vorstellungsvermögen. Es gibt kein Falsch oder Richtig, nur die Freiheit der Wahl.« Die große Liebe, die in seinen Worten mitschwang, war fast mit Händen greifbar, und ich fühlte und wusste mit absoluter Gewissheit, dass er die Wahrheit beschrieb.

Vor meinem inneren Auge tauchte das Bild eines Regentropfens auf, und ich begriff, dass wir Menschen wie Regentropfen sind: Wir fallen hierhin oder dorthin, doch wohin auch immer wir fallen, selbst wenn wir versickern, kehren wir am Ende alle in das Meer des Ursprungs zurück. Niemand geht verloren. Das ist das wunderbar weise Gesetz der Schöpfung, dessen wir uns absolut sicher sein können – wohin auch immer uns die Lebensreise führt. Und indem wir unsere Verbindung mit der gesamten Schöpfung erkennen, wird unsere Lebenserfahrung reicher, erfreulicher, lebendiger, leuchtender und friedvoller. Mehr Freude hält Einzug, und die Seele atmet auf.

Als die Sonne unterging, formten sich über dem Meer herrliche, hoch aufgetürmte Wolkenschlösser in leuchtenden Farben von Pastellrosa, Blau und Orange. Es war ein atemberaubender Anblick. Das herrliche Bild spiegelte sich in Form und Farbe perfekt auf der spiegelglatten Meeresoberfläche wider. Und wie bei einer Leuchtreklame sah ich darüber in großen Lettern die Worte auftauchen: »Wie im Himmel, so auf Erden.« Es war in Bild und Wort die Bestätigung seiner Worte, dass das Paradies auf Erden tatsächlich erreichbar ist.

In einer warmen, klaren Nacht an einem der letzten Abende vor der Heimreise saß ich vor meiner Hütte und war einfach nur vollkommen glücklich. Das Licht des Mondes spiegelte sich auf dem Meer, die Zikaden zirpten, und von irgendwoher trug der Nachtwind den herrlichen Duft von Orangenblüten herbei. Nachtfalter schwirrten umher, und in den Tautropfen auf dem Gras glitzerte das Mondlicht.

In jener Nacht fühlte ich, dass das Herz die Pforte zum Paradies ist – es ist der magische Schlüssel zu Freiheit, Glück und tiefem Frieden.

17

Grenzenlose Freude

Der Frühling hielt Einzug. An den Büschen prangten die ersten zarten Knospen, und täglich konnte man dabei zuschauen, wie das lindgrüne Blätterkleid der Bäume wuchs.

»Du wirst unendlich geliebt«, begann Christus warmherzig eines Morgens. »Diese Liebe hat jedoch nichts mit der Liebe zu tun, wie ihr sie versteht. Es ist ein grenzenloses Angenommen-Sein, so wie du bist, ein in jeglicher Hinsicht ungehindertes Sein-Dürfen mit jeder Faser deines gesamten Wesens, ein Dich-in-jede-Richtung-Ausdehnen-Dürfen, so weit du willst, frei und grenzenlos. So ist die Natur des Seins jenseits der Dualität.

Hier, in der Dualität, habt ihr aufgrund der Körperformen, in denen ihr ›steckt‹, wie auch alles andere, was mit euch existiert, bestimmte Spielregeln aufgestellt, die das Miteinander regulieren. Leider sind diese Spielregeln im Großen und Ganzen äußerst begrenzend, sodass ihr euch daran gewöhnt habt, begrenzt zu sein und begrenzt zu denken. Ihr seid aber nicht begrenzt. Der Verstand, mit dem ihr euch so sehr identifiziert, ist begrenzt: Er denkt begrenzt, erfindet begrenzt, handelt begrenzt, er kann nicht anders.

Der Verstand ist nützlich – und begrenzt. Ein Stück Holz ist kein Fisch. Es hat nicht die Lebendigkeit, die Beweglichkeit eines Fisches, es kann nicht die Gewässer erkunden, neue Welten entdecken. Es liegt da und rührt sich nicht. Man kann es für bestimmte nützliche Dinge verwenden: Man kann damit Feuer machen, Wärme erzeugen, Essen kochen oder nützliches Handwerksgerät daraus herstellen. Doch die Freiheit, Seen und Ozeane zu durchschwimmen, hat es nicht.

Wenn ihr Freiheit schmecken wollt, müsst ihr jenseits des Verstandes gehen, jenseits der bekannten Konditionierungen und Gewohnheiten. Aus dem Verstand entsteht nichts Neues. Genialität und Schöpfertum findet ihr jenseits des Verstandes, dort in dem Feld, wo euer Herz, eure Seele zu Hause ist. Das, was euer Herz zum Singen bringt, was euch vollkommen begeistert und was ihr hingebungsvoll tut, so sehr, dass ihr alles dabei vergesst – das ist euer Schlüssel zum Eintritt in das grenzenlose Feld der Freude, Genialität und Schöpferkraft, das mein Vater für euch bereithält.

Gesteht euch ein, Freude erleben zu dürfen, gesteht euch ein, es euch gutgehen zu lassen. Tut bewusst Dinge, die euer Herz zum Singen bringen. Gibt es irgendwelche Vorschriften, die euch verbieten, Dinge zu tun, die euch glücklich machen?« Er schwieg und lächelte abwartend.

Um das Feld der Seele, Freude und Grenzenlosigkeit zu erfahren, galt es also einerseits, möglichst alles zu vermeiden, was unser Glücklichsein einschränkte, und zugleich alles zu tun, um wieder grenzenlos zu sein und dadurch zu erfahren, wer wir wirklich sind. Da wir im täglichen Leben jedoch häufig in soziale und familiäre Strukturen eingebunden sind und bestimmte Verpflichtungen übernommen haben, ist es vielleicht nicht für jeden möglich oder passend, sich radikal von allem, was in irgendeiner Weise einschränkend wirkt, loszusagen.

Auf diesen Einwand eingehend, entgegnete Christus: »Ihr könnt die Erfahrung der Grenzenlosigkeit in euer tägliches Leben einfließen lassen. Das wird vieles verändern. Sicher, wenn ihr in sehr einengenden Verhältnissen lebt, wenn Situationen euch unglücklich machen, ist es wünschenswert, dass ihr etwas unternehmt, um mehr Wohlgefühl in euer Leben zu bringen. Es ist nicht nötig und auch nicht vorgesehen, dass ihr permanent leidet.«

»Und wie soll das praktisch gehen – die Grenzenlosigkeit ins tägliche Leben einfließen lassen?«

»Das symbolische Bild mit den beiden Blumen ist dabei hilfreich. Wenn es einmal nicht so läuft, wie ihr es gern hättet, erinnert euch daran. Es hilft, sich von Begrenztheit zu lösen und in Freiheit zu gelangen. Je mehr ihr euch an eure Grenzenlosigkeit erinnert, desto mehr wird sie euer Leben erfüllen, und ihr werdet sie in allem wiedererkennen, das euch umgibt.«

Es handelte sich also um einen inneren Prozess, der sich auf die äußere Lebenserfahrung auswirkte. Mein Blick wanderte zu den Bäumen vor dem Fenster. Ich fragte mich, wie es funktionieren sollte, Grenzenlosigkeit in *allem* wiederzuerkennen, denn schließlich würde das auch jene Bäume umfassen ...

»Wie meinst du das?«, hakte ich nach.

»Es geht um das alles verbindende Feld, von dem du ein Teil bist wie auch alles andere, was existiert«, antwortete Christus. »Wenn du dich in dein wahres, grenzenloses Sein ausdehnst, erkennst du dasselbe Feld in allem, was dich umgibt. Du erkennst die Essenz hinter der Form, und diese Essenz ist eins, grenzenlos und jenseits aller Worte. Sie ist so wundervoll, dass es den Mystikern und jenen, die sie erfahren durften, die Worte verschlagen hat. Dies zu erleben ist jedoch nicht den Mystikern vorbehalten. Das Sein wartet auf jeden von euch. Es hängt von eurer Bereitschaft ab, euch berühren zu lassen – jenseits von Gedanken berührbar und eins zu sein.«

Dieses Einssein, das in gesegneten Augenblicken mit der gesamten Schöpfung, der Natur oder anderen Menschen erfahrbar ist, trifft mitten ins Herz. Es sind Momente der Gnade.

*

›*Tut bewusst Dinge, die euer Herz zum Singen bringen*‹, hatte Christus betont. Ich dachte an meinen Traum, eine Serie außergewöhnlicher Blütenbilder mit segensreichen Kräften zu veröffentlichen. Seit Jahren war die Inspiration dafür da, mehrfach hatte ich das Projekt begonnen und dann doch immer wieder verschoben, obwohl ich spürte, wie sehr es mich begeistern würde.

»Ja, da ist großes unentwickeltes Potenzial in dir«, kommentierte Christus streng. »Dinge, die große Freude in dein Leben bringen *könnten*, wenn du sie denn tun würdest. Du musst die Dinge, die dich glücklich machen, an erste Stelle stellen. Anders herum funktioniert es nicht. Es funktioniert nicht, die Dinge, die euch glücklich machen – ob es sich nun um eine Tätigkeit handelt oder um materielle Dinge – zurückzustellen. Das Glücklichsein ist der Motor für alles Gute, für Fülle in eurem Leben. Ihr könnt das nicht nach hinten verschieben. Wenn ihr glücklich sein wollt, leistet es euch, JETZT glücklich zu sein.«

Ich dachte an einen Freund, der sich kürzlich ein neues Auto gekauft hatte und sehr glücklich darüber war, denn für ihn bedeutete es die Erfüllung eines lang gehegten Traumes. Doch nicht jeder hatte die Möglichkeit, sich ein Wunschobjekt zu leisten …

»Es bedeutet nicht, dass ihr in dem Sinne materiell verschwenderisch sein müsst, dass ihr über eure Verhältnisse lebt«, ging Christus auf meine Überlegungen ein. »Aber was ihr euch im Grunde leisten könnt, investiert jetzt in euer Glücklichsein. Nicht später, nicht nächste Woche, nicht nächstes Jahr, nicht irgendwann – JETZT!

Ob es eine Tätigkeit ist, die ihr liebt, ein Spaziergang, den ihr gern machen möchtet, ein abenteuerlicher Urlaub, nach dem ihr euch sehnt – *jetzt* ist die beste Zeit, dies zu leben, dies zu tun. Das bringt euer Leben in Fluss, bringt neue Inspiration, neue Freude, frischen Wind. Es bringt euch ein Gefühl der Lebendigkeit, der Freude und Begeisterung. Freude, die ihr nach hinten verschiebt, ist tot. Freude existiert immer im Moment.«

18

Glück: Wenn das Herz singt

»Liebe ist der beste Schutz«, erklärte Christus eines Morgens auf meine Frage, wie man als feinfühliger Mensch mit all den vielfältigen Einflüssen am besten umgehen konnte, die durch Orte, Menschen, Technik und Gegenstände auf uns einwirken.

»Der Zustand der Liebe erhöht eure Frequenz so sehr, dass ›Störschwingungen‹« – er lächelte über diesen Begriff aus meinem Wortschatz – »quasi neutralisiert werden, egal, ob sie von Orten, Personen oder Geräten stammen. Liebe ist die stärkste Kraft – keine Kraft kann sich ihr widersetzen.«

Er machte eine kurze Pause und fügte dann hinzu: »Das bedeutet natürlich nicht, dass ihr euch bewusst Einflüssen aussetzen sollt, von denen ihr wisst, dass sie für euch schädlich sind. Ein liebevoller Umgang mit euch selbst ist wichtig. Tut mehr Dinge, die euch Freude bereiten. Lacht mehr. Genießt das Leben mehr. Liebt, was auch immer ihr lieben könnt – eure Partner, Kinder, Mitmenschen, Tiere, die Natur, den Schmetterling, der vorbeiflattert.« Er lächelte.

»Wenn ihr das tut, wird sich eure Schwingung so erhöhen, dass ihr viel weniger anfällig seid. Geht liebevoll mit euch selbst um, und wenn euch ein Umzug, ein Wechsel der Arbeitsstelle oder eine Trennung von eurem bisherigen Partner guttut, dann setzt diese Dinge um. Doch achtet gleichzeitig darauf, dass dies nicht zu einer Flucht vor dem Leben wird, sondern zu einem Bekenntnis zum Leben. Setzt bewusst eure Schöpferkraft ein, um die Dinge in euer Leben zu bringen, die eurem Innersten entsprechen, die dem entsprechen, wie ihr euch ausdrückt und wie ihr leben wollt. Dann ist dies eine bewusste Wahl und keine Flucht.« Er hielt einen Moment inne und fuhr dann fort:

»Eine bewusste Wahl setzt voraus, dass du weißt, was dein Herz zum Singen bringt, was dich glücklich macht. Nicht das, wovon der Verstand sagt, dass es wichtig sei, sondern das, wobei du große Freude im Herzen verspürst, wenn du daran denkst. Das, was deine Augen zum Leuchten bringt, wenn du davon erzählst. Das, was in dir ein Gefühl von Freiheit erzeugt, von Begeisterung, von purer Lebenslust, Harmonie oder Frieden. Dann ist Mut notwendig und Entscheidungskraft, um diese Erkenntnisse in die Tat umzusetzen. Die grundsätzliche Frage ist stets: Was macht dich zutiefst glücklich, sodass dein Herz vor Freude singt?

Je mehr Dinge ihr tut, die euch Freude bereiten und euer Herz zum Singen bringen, desto mehr erhöht ihr eure Schwingung, und umso mehr von diesen Dingen und Situationen zieht ihr in euer Leben. Das Singen eures Herzens ist der entscheidende Schlüssel. Dann werdet ihr automatisch andere Umstände, andere Menschen, andere Orte und andere Situationen anziehen. Ihr geratet dann viel seltener in ungünstige Umstände, weil ihr sie schlichtweg nicht mehr anzieht. Wenn noch Störeinflüsse da sind, werden sie euch nicht mehr aus der Balance bringen, weil ihr selbst in einer anderen Frequenz seid.«

Er zeigte mir dann, dass ein Mensch, der im vollen Bewusstsein seiner Göttlichkeit lebt, von einem klaren, kraftvollen Feld ähnlich einer schützenden Hülle umgeben ist und zudem mit der Kraft seines Bewusstseins über ein machtvolles Instrument verfügt.

»Für einen Menschen, der sich seiner vollen göttlichen Schöpferkraft bewusst ist, ist nichts unmöglich«, fügte Christus hinzu. »Durch meine Heilungen und Erweckungen habe ich euch dies gezeigt. Das könntet ihr auch, wenn ihr zulassen würdet, dass dieselbe Kraft durch euch fließt. Solange ihr zweifelt, fließt diese Kraft allerdings nur beschränkt.«

Dieselbe gewaltige göttliche Kraft durch mich fließen lassen, wie Christus?

Rein theoretisch schien es mir zwar möglich, dass ein Mensch dieselben Wunder vollbringen könnte wie Christus, sofern er sich zu seinem höchsten Potenzial hin entwickelte. Doch die Vorstellung, eine derart gewaltige göttliche Kraft durch mich fließen zu lassen, empfand ich als etwas beängstigend.

»Es ist völlig in Ordnung, sich dieser Kraft schrittweise zu öffnen, wenn ihr euch davon angesprochen fühlt«, meinte Christus beruhigend. »Ihr bestimmt das Tempo und euren Rhythmus. Und wenn ihr beschließt, dass ihr von diesen ganzen Dingen nichts wissen wollt, dann ist auch das in Ordnung. Es ist euer Leben, euer Spiel, euer Schöpfertum, und ihr werdet deswegen nicht weniger geliebt. Die Liebe meines Vaters ist unendlich, und ihr habt die freie Wahl, wie ihr euer Leben führen wollt.«

Doch wie war es um die freie Wahl bei Menschen bestellt, die ein Leben unter ärmlichen Bedingungen führten? Hatten Sie überhaupt eine Wahl? Mir kam das Bild eines afrikanischen Mädchens in den Sinn, das mit nackten Füßen über den roten Sandboden lief.

»Auch diese Menschen haben die Freiheit der Wahl, worauf sie ihr Bewusstsein richten wollen«, entgegnete Christus. »Ist dir aufgefallen, dass Menschen, die aus eurer Sicht in Armut leben, häufig dennoch glücklich sind?«

Seine Worte erinnerten mich an eindrucksvolle Begegnungen in Afrika und Lateinamerika. Dort, auf dem Land, war ich immer wieder Menschen begegnet, die unter einfachsten Bedingungen lebten, körperlich schwere Arbeit verrichteten und dennoch dabei lächelten oder manchmal sogar sangen. Nicht selten lebten diese Menschen in einfachen Hütten und strahlten doch eine innere Zufriedenheit, ein inneres Leuchten aus. Sie wirkten glücklich, obwohl es ihnen aus unserer Sicht an vielen Dingen mangelte. Das zu erleben hatte mich tief beeindruckt.

»Diese Menschen sind dankbar für das, was sie haben«, fuhr Christus fort. »Sie erfreuen sich an den kleinen Dingen, am Miteinander, an den Mahlzeiten. Sie tragen Dankbarkeit in sich. Das ist der Motor des Glücklichseins. Sie erfreuen sich an dem, was sie haben, auch wenn es wenig ist, und sind bereit, es zu teilen, statt auf Mangel ausgerichtet zu sein, wie es in eurer Gesellschaft häufig der Fall ist.

Ihr habt jedoch die freie Wahl, die Kunst wieder zu erlernen, euch über all die Dinge zu freuen, die euch von dieser großzügigen Schöpfung Tag für Tag förmlich vor die Füße gelegt werden, wenn ihr euren eigenen Lebensstil aufmerksam betrachtet. Ob ihr euch dafür entscheidet, die Fülle, die der Vater täglich vor euch ausbreitet, wahrzunehmen oder nicht, ist euer freier Wille und ändert nichts an der Liebe meines Vaters zu euch. Ihr werdet unendlich geliebt, immer und jederzeit«, schloss Christus und lächelte ermunternd.

19

Christus lacht

Wieder einmal erfuhr ich seine Führung auf unerwartete und überraschende Weise. Seit unserem letzten Gespräch waren bereits
Monate vergangen, in denen die Kommunikation unterbrochen
war – wohl deshalb, weil sich bei mir Zweifel an den Gesprächen
mit Christus eingeschlichen hatten. Zwar vermisste ich die Gespräche mit ihm, hatte jedoch keine Ahnung, wie ich die Situation ändern und die Kommunikation wieder herstellen konnte.

Eines Abends, als ich das Haus von Bekannten hütete, fiel
mein Blick auf ein Bücherregal. Spontan fühlte ich mich von
einem Buch angezogen, und obwohl ich seit Jahren keinen Roman
mehr gelesen hatte, nahm ich das Buch heraus und begann zu
lesen.

Gleich auf den ersten Seiten diskutierten die Protagonisten der
Erzählung über ihre Beziehung zum Göttlichen. Verblüfft klapp-
te ich das Buch wieder zu und studierte erneut den Rückentext.
Doch weder die Kurzbeschreibung noch der Titel des Buches hatten darauf hingewiesen. Neugierig las ich weiter. Nun ging es um
die Kontaktaufnahme des Einzelnen mit dem Göttlichen. Die
Hauptfiguren diskutierten darüber, wie wichtig es im Leben sei,
die Gabe anzunehmen, die einem verliehen wurde, statt sie vor
lauter Versagensangst zurückzuweisen. Denn im Annehmen würde
sich die Gabe offenbaren.

Ich erkannte mich darin wieder und fühlte mich ertappt. So
wie die Zweifel des Egos die Kommunikation unterbrochen hatten, bestand die Lösung nun darin, die Zweifel zu überspringen
und mich der Gabe, der Kommunikation wieder vertrauensvoll

zu öffnen. Erleichtert spürte ich, wie sich die Verbindung mit Christus wiederherstellte.

Als Erstes bat ich ihn, mir zu helfen, meine Verbindung zu ihm, mein Vertrauen und meine Hingabe zu stärken. Wenn es darum ging, seine Botschaften zu empfangen, ja, ich hatte verstanden und war bereit. Dann gestand ich ihm, ich hätte einen Wesensanteil in mir bemerkt, der die Tatsache, Botschaften von IHM zu empfangen, benutzen könnte, um sich besonders zu fühlen, und bat ihn inständig, darauf achtzugeben. Keinesfalls wollte ich, dass sich das Ego in unsere Gespräche einmischte, schließlich hatte es die Unterbrechung der Kommunikation verursacht.

Christus lachte so sehr, dass ihm die Tränen kamen und er um Luft rang. Es war ein warmherziges, ansteckendes Lachen, und ich spürte, dass er sich nicht über mich lustig machte. Niemals zuvor hatte ich Christus derartig lachen gesehen. Verwundert blickte ich ihn an, und schließlich musste ich ebenfalls lachen. Zu sehen, wie Christus mir gegenüber herzlich lachend im Sessel saß, war einfach wundervoll.

»Ihr seid so komisch«, stieß er nach Luft ringend hervor. »Wisst ihr denn nicht, dass ihr bereits besonders seid, jeder Einzelne von euch?«

»Wie meinst du das?«, fragte ich leicht irritiert.

»Du bist aus unendlicher Liebe erschaffen worden«, antwortete Christus. »Jede einzelne Zelle deines Seins enthält diese Liebe. Ohne Liebe würdest du nicht existieren. Sie ist die Grundlage deines Seins, und im allumfassenden Sinn singt die Liebe des Allmächtigen das Lied der Schöpfung in dir. Milliarden von Zellen funktionieren perfekt aufeinander abgestimmt miteinander, um dein Leben, dein Dasein zu ermöglichen, um dir die Möglichkeit zu geben, die Vielfalt dieser Existenz zu erfahren.

Überall bist du von Schöpfung umgeben, und in allem spiegelt sich dieselbe Liebe, derselbe Funken, dasselbe Eine wider, auch wenn sich nicht unbedingt jede Lebensform dessen bewusst ist. Ihr jedoch könnt dieses Bewusstsein in euch erwecken, es ist in euch. Alles, was dazu nötig ist, ist Sehen: Sehen der Schönheit, der Wunder und der Liebe, die sich in der Schöpfung deines Körpers vereinigt haben, um diese Existenz in ihrer Einzigartigkeit zu ermöglichen, und Sehen derselben Schönheit in allen anderen Aspekten der Schöpfung. Das hat nichts mit den Schönheitsidealen zu tun, wie der Verstand sie erschafft. Es ist die Schönheit, die allein das Herz zu sehen vermag.

Viele Menschen haben verlernt, mit dem Herzen zu sehen. Daher so viel Kummer, daher so viel Leid, das ihr euch selbst und gegenseitig zufügt. Würdet ihr die Menschen, die euch nahe sind, die unmittelbar um euch sind – eure Familie, eure Kollegen, die Menschen auf der Straße –, auf eine andere Weise anschauen, frei von den Mauern des urteilenden Verstandes, würdet ihr mit dem Herzen sehen – und das *ist* tatsächlich möglich –, dann würde sich euch große Schönheit offenbaren, sodass ihr vor lauter Dankbarkeit niederknien wolltet. Dann, und nur dann, seht ihr die Schönheit, auch die Vollkommenheit in all dem, was der Verstand abwertet, verurteilt, als hässlich, minderwertig oder nicht liebenswert ablehnt.

In Wahrheit ist das Bild, das der Verstand von Perfektion erschaffen hat, erbärmlich, ja, erbärmlich. Es enthält keinen Funken Liebe. Die Liebe erst offenbart wahre Schönheit. Das Herz sieht mit den Augen der Unschuld, es sieht die Welt mit den Augen eines Kindes – voller Reinheit, Freude und Begeisterung, voller Staunen und Bereitschaft, die Liebe seines übervollen Herzens mit allen Wesen zu teilen. Das ist die natürliche Grundhaltung eines Kindes, solange es noch arglos ist und ihm nichts Gegenteiliges beigebracht wurde oder widerfahren ist.

Ihr alle habt«, und dabei sandte er mir einen strengen, aber zugleich aufmunternden Blick, »diesen Anteil noch in euch. Mal mehr, mal weniger vergraben unter den Trümmern eures erlebten Leids, Kummers und Schmerzes. Erinnert euch an dieses Kind. Lernt und habt den Mut, die Welt wieder mit den Augen eines Kindes zu betrachten. Die Vernunft will die Liebe und die Spontaneität ersticken. Wagt es, unvernünftig zu sein.

Was glaubt ihr – warum waren es häufig Kinder, die Gott gesehen haben, denen die Jungfrau Maria erschienen ist oder andere Verkörperungen des Höchsten Lichts? Weil sie noch sehen können, weil sie noch die Fähigkeit haben, mit dem Herzen zu sehen, sodass sich ihnen leichter die Realität offenbart, die hinter der sichtbaren Form verborgen liegt. Das Herz ist die Hotline zu Gott, wenn ihr so wollt. Und ihr habt alle ein Herz, oder?«, meinte er zwinkernd.

»Ein Großteil eures Leidens ist selbst erschaffen«, fuhr Christus nach einer Weile fort, »durch die Art, wie euer Verstand die Welt sieht, und durch eure daraus resultierenden Schlussfolgerungen, Gedanken, Gefühle und Handlungen. Der Verstand war in der Schöpfung ›Mensch‹ als Werkzeug gedacht, nicht als Herrscher. Letzteres ist ein großes Problem, und ein weiteres Problem ist, dass der Verstand glaubt, die Probleme lösen zu können. Wie soll das möglich sein, wo er doch selbst das Problem ist? Der Verstand mit seiner Sichtweise erschafft die Probleme, die ihr in eurer Welt seht – in eurer unmittelbaren Umgebung und in der Welt insgesamt. Und natürlich wird euer Verstand jetzt ›Ja, aber …‹ einwenden.

Angemessen benutzt, ist der Verstand ein wertvolles Werkzeug. Wenn es jedoch darum geht, Freude, Liebe und wahre Erfüllung in euer Leben zu bringen, ist er mehr als nutzlos, destruktiv oder manchmal sogar schädlich. Die Art von Erfüllung, die euch die Welt des Verstandes und deren Früchte bieten können – materieller Reichtum, Macht, Kontrolle, Ruhm und Anerkennung –, stillen nicht den Durst eures Herzens.

Wahre Erfüllung geschieht, wenn ihr euch wieder von eurem Herzen leiten lasst. Habt keine Angst vor Ablehnung, wenn ihr einem anderen Menschen etwas schenkt. Der Segen wird euch bereits im Geben zuteil. Geben ist seliger als Nehmen, weil im Geben bereits die Erfüllung liegt. Ob der andere euer Geschenk annimmt oder nicht, lasst nicht eure Sorge sein. Gebt einfach aus eurem Herzen und beobachtet, was geschieht. Dies Sich-dem-Herzen-Überlassen ist ein natürliches Fließen, so wie Wasser, das aus einer Quelle emporsprudelt. Jedes Mal, wenn euer Herz lebt, erfahrt ihr die Erfüllung des wahren Lebendig-Seins.«

»Das ist wunderschön.«

»Noch Fragen?«, lächelte er aufmunternd.

»Du hast über die Schönheit und Vollkommenheit in aller Schöpfung gesprochen. Doch was ist mit Menschen, die als Krüppel, verstümmelt oder behindert geboren werden?«

»Betrachtet es ruhig als einen Test für euch, inwieweit ihr in der Lage seid, die Vollkommenheit in diesen Menschen zu sehen. Sie wird sich euch nur offenbaren, wenn ihr mit dem Herzen seht. Es gibt nichts Unvollkommenes. Wenn ihr in der Lage seid, die Vollkommenheit hinter der scheinbaren Unvollkommenheit zu erkennen, taucht ihr ein in das Reich Gottes. Dann verlasst ihr die Welt der Getrenntheit und taucht wieder ein in die Welt der Einheit, die ihr in Wahrheit übrigens nie verlassen habt. Ihr habt euch nur so sehr auf die Sichtweise des Verstandes verlassen, dass ihr glaubt, darin liege die Wahrheit. Sie offenbart sich dem Verstand jedoch nicht und wird das niemals tun.

Die Wahrheit, das Reich Gottes, die ultimative Realität, das Nullpunktfeld – oder wie ihr es auch immer benennen wollt – ist nur durch die Pforte des Herzens zugänglich. Von dort offenbart sich alles. Habt mehr Mut, der Stimme eures Herzens zu folgen, wie verrückt eure Handlungen aus der Sicht des Verstandes auch erscheinen mögen. In Wahrheit ist die Weltsicht des Verstandes ver-rückt.

Euer Herz will sich mit anderen Herzen verbinden, will Nähe spüren, Liebe schenken, Wärme erfahren und geben. Das ist das Elixier des Herzens. Indem ihr es gebt – und das kann bereits durch kleine Gesten geschehen, wie ein Lächeln oder eine leichte Berührung, ein freundliches Wort –, wird euer eigenes Herz genährt. Indem ihr euch öffnet, könnt ihr empfangen.

Was ihr gebt, ist ein Same, dessen Früchte vielfach zu euch zurückkommen, wenn auch vielleicht anders, als ihr es euch denkt. Und«, fügte er mit ernster Stimme hinzu, »es ist Geben aus dem

Herzen gemeint, nicht Geben, um etwas zurückzubekommen. Geben aus dem Herzen bedeutet Schenken, weil das Herz schenken möchte. Wenn ihr dies wahrhaftig tut, seid ihr von der Reaktion der anderen Person vollkommen unabhängig. Ihr könnt es an der Freude oder dem Gefühl der Erfülltheit erkennen, das euch euer eigenes Geben in solch einem Moment beschert. Das Herz und die aus dem Herzen gelebten Handlungen sind sich selbst genug, dazu bedarf es keiner Bestätigung oder Anerkennung von außen.

Wann immer ihr nach Bestätigung sucht oder nach Anerkennung heischt, wisst, dass ihr auf den Pfaden des in der Dualität verankerten Verstandes wandelt, was euch niemals wahre Erfüllung geben kann. Vorübergehende durchaus.

Wahre Erfüllung ist der Nektar, der dem Herzen vorbehalten ist. Wisst das einfach nur. Es geht nicht darum, den Verstand zu verteufeln, denn dieser ist, sinnvoll eingesetzt, ein großartiges Werkzeug. Falsch eingesetzt, kann er allerdings ungeheuer destruktiv wirken. Einen Großteil dieses ›Pfades des Verstandes‹ als alleinigen Maßstab seht ihr manifestiert im derzeitigen Chaos in der Welt.

Sei dir einfach bewusst, wie sehr du dich von den Argumenten deines Verstandes leiten lässt und wie sehr von deinem Herzen. Ihr habt jeden Augenblick die Wahl, der Getrenntheit zu folgen und Leiden für euch und andere neu zu erschaffen, selbst für die, die ihr meint zu lieben, oder euch auf das Abenteuer einzulassen, das Leben durch die Augen des Herzens wahrzunehmen.

Ja, es ist ein Abenteuer, und die Angst des Egos ist groß. Doch der Geschmack der Freiheit, die ihr kostet, wenn ihr über die Hürden der Angst springt und eurem Herzen folgt, ist die köstlichste Belohnung.«

Wenn ihr eurem Herzen folgt – welch großer Achtsamkeit bedurfte es doch, die wahre Stimme des Herzens von all den anderen Stimmen in uns zu unterscheiden, wie etwa der Gier, der Leidenschaft oder der Angst.

»Die Freude des Herzens, von der ich spreche«, fuhr Christus fort, »ist eine manchmal stille, manchmal sehr explosive Freude, die aus sich selbst erwächst, die niemanden braucht, die in sich selbst vollkommen ist. Dagegen sind Gier etwa oder Leidenschaft immer auf ein Objekt des Begehrens gerichtet, das vermeintlich erlangt werden muss, um Befriedigung oder Zufriedenheit zu erreichen, so wie es auch mit allen anderen Begehren des Verstandes ist.

Die Freude und die Liebe, die aus dem Herzen stammt, braucht kein Objekt im Außen. Sie ist das Ergebnis eines offenen, an das Sein, an die Einheit angeschlossenen Herzens. Von einem solchen Menschen strömt eine wunderbare Energie aus, und diese Wahrheit wird von anderen Herzen sofort erkannt.«

Als sich unser Gespräch dem Ende zuneigte, bat ich ihn, die Essenz seiner Ausführungen in ein paar einfachen Worten zusammenzufassen.

Lächelnd meinte Christus: »Vertraut eurem Herzen. Es kennt die Wahrheit.«

Mit der Zeit wurde immer deutlicher, was Christus unter dem Begriff ›Herz‹ verstand: weder das physische Herz noch das Herzchakra noch die Gefühle, die wir gewöhnlich dem Herzen zuordnen, sondern vielmehr eine Art von SEIN, die von Hingabe und Einssein mit unserem größeren Selbst geprägt ist. Dieses größere Selbst ist jenseits des Verstandes und die tiefste und wahrhaftigste Dimension eines jeden Menschen. Dieses ›Selbst‹ oder ›Herz‹ und die Quelle sind eins. Über die Hinwendung nach innen ist diese tiefere Dimension zugänglich, und die innere Weisheit jedes Menschen kennt den ›Weg‹ dorthin.

20

Rendezvous mit Gott

Der letzte Kontakt mit Christus lag Monate zurück. Die Gespräche mit ihm hatten mir geholfen, ein schwieriges Jahr zu überstehen, in dem ich Gesundheit, Arbeitsfähigkeit und jeglichen Selbstwert verloren hatte und mich oft mehr tot als lebendig fühlte. Nun hatte ich selbst den Kontakt zu ihm verloren, und gesundheitlich sah es gerade miserabel aus. Ich war an einem absoluten Tiefpunkt in meinem Leben angelangt.

Eines Nachmittags spazierte ich ein wenig durch die Läden einer kleinen Stadt und gelangte dabei schließlich in eine Buchhandlung. Ich steuerte auf einen Tisch zu, auf dem mehrere Bücher aufgestapelt lagen, und griff intuitiv eines davon. Es handelte von einer Begegnung mit Gott. Nachdem ich halbherzig ein wenig darin geblättert hatte, legte ich das Buch wieder zurück und begab mich in ein kleines Straßencafé.

Erst auf den zweiten Blick fiel mir auf, dass auf dem Tisch, den ich gewählt hatte, eine Zeitschrift lag. Jemand hatte sie wohl dort vergessen. Vorn auf dem Heft stand: *Verabredung mit einem Unsichtbaren*. Es klang spannend. Als ich die Zeitschrift aufschlug, fiel mir eine weitere Überschrift ins Auge: *Gott meldet sich bei dir …*

›Der hat wirklich Humor‹, dachte ich belustigt.

Zweifellos war hier eine Synchronizität am Werk, die bereits im Buchladen zuvor begonnen hatte. Vielleicht steckte etwas dahinter? Neugierig las ich ein wenig in dem Heft. Es enthielt interessante, Mut machende Berichte darüber, wie Menschen Gott in ihrem Leben erfahren hatten, und auf irgendeiner Ebene sprach es mich an.

Nach einer Weile bezahlte ich den Kaffee, steckte das Heft ein und schlenderte zu einer Bank im Schatten eines Baumes, um in einem mitgebrachten Buch zu schmökern. Doch kaum hatte ich das Buch aufgeschlagen, begann mich plötzlich eine ungewöhnliche, vibrierende Energie einzuhüllen. Angenehme Wärme breitete sich in meinem Körper aus, gleichzeitig schien die unmittelbare Umgebung in weite Ferne zu rücken. Eingehüllt in eine wohltuende Energiewolke, nahm ich die vorbeigehenden Passanten nur noch am Rande wahr.

Interessiert stellte ich fest, dass ich trotz des seltsamen Phänomens sehr klar sehen und denken konnte. Allerdings mochte ich mich nicht bewegen. Ich saß völlig reglos da, während das äußere Geschehen wie in Zeitlupe an mir vorbeilief. Intuitiv spürte ich, dass die Präsenz, die mich nun umgab, etwas sehr Außergewöhnliches war.

Vollkommen außergewöhnlich.

Und plötzlich wusste ich ohne jeden Zweifel, dass es – nun ja – Gott war.

Dann begann Gott direkt zu mir zu sprechen.

Niemals hätte ich das für möglich gehalten, denn ER war für mich stets völlig ungreifbar und unpersönlich gewesen.

Bis jetzt.

Ohne Umschweife sprach Gott gezielt aktuelle Probleme in meinem Leben an und machte mir Mut. Mit überwältigender Klarheit und Weisheit ging er auf einzelne Situationen in meinem Leben ein, gab mir praktische Hinweise und munterte mich auf. Es war unsagbar tröstlich, erhebend und großartig.

Nachdem sich meine Verblüffung gelegt hatte, begann ich schließlich, Gott Fragen zu stellen. Als Erstes wollte ich wissen, ob mein Körper wieder völlig gesund werden würde. Als Gott dies bejahte, begann ich zum ersten Mal seit Langem wieder Hoffnung zu schöpfen. Dieses Gespräch und seine ausdrückliche Betonung, wie wichtig es sei, zu vertrauen, bewirkten, dass ich endlich wieder ein Licht am Horizont sah.

Am nächsten Morgen wachte ich seit langer Zeit zum ersten Mal wieder mit einem Gefühl von Glück auf. Das war für mich bereits ein Wunder. Ich war begeistert von der Möglichkeit, mit Gott selbst zu sprechen und voller Vorfreude auf das nächste Gespräch. Kaum war das Frühstück beendet, suchte ich einen ruhigen Ort auf, um den Dialog mit Gott fortzusetzen, und fragte:

»Wie kann ich dich besser hören?«

»Geliebte Tochter, ich bin immer bei dir.«

»Ja, aber das Gefühl, weißt du, ich meine das Gefühl …« Ich wollte mich dauerhaft von dieser wundervollen göttlichen Präsenz umarmt fühlen. Intellektuell wusste ich natürlich, dass Gott immer präsent ist. Doch ich wollte es fühlen *und* ihn hören.

»Es ist schwer, mich zu hören oder zu fühlen, wenn ihr in Traurigkeit versinkt oder in Selbstmitleid«, erwiderte Gott. »Dann baut ihr eine Wand auf, die es euch schwer macht, mich zu spüren.«

Ich fühlte mich ertappt. Wie oft hatte ich mit meiner angeschlagenen Gesundheit gehadert und war dabei so manches Mal in Selbstmitleid versunken.

»Aber es ist doch normal, traurig zu sein?«

»Durchaus, doch sobald Verbitterung oder Selbstmitleid einfließen, trennt ihr euch von der Welt. Ihr seid es, die diese Barriere erschafft, nicht ich.«

»Und was sollen wir tun, wenn wir traurig sind, damit das nicht geschieht und wir dich weiter fühlen können?«

»Achtet darauf, euer Herz nicht zu verschließen, wie groß der Schmerz auch sein mag. Lasst Tränen fließen, aber verschließt nicht euer Herz. Durch das Herz spreche ich zu euch, dort seid ihr berührbar, und das Herz verbindet euch mit der übrigen Schöpfung. Deshalb könnt ihr euch, wenn ihr wahrhaft im Herzen seid, niemals getrennt fühlen. Kannst du mir folgen?«

»Ja, ich glaube schon. Kannst du mir noch einen Tipp geben, mit welcher Methode man konkret bewirken kann, dass das eigene Herz offen bleibt, wenn man aufgrund schwieriger Lebensumstände immer wieder von Schmerz, Wut, Traurigkeit oder sogar Verbitterung übermannt wird?«

»Suche die Schönheit, suche das Lachen. Ja, sucht die Freude. Selbst oder *gerade* in schwierigsten Umständen: Gebt euch einen Schubs und tut Dinge, die euch Freude bereiten. Setzt euch dem Leben aus, statt euch zurückzuziehen. Dem Leben – fühlt die Sonne auf der Haut, spürt das Gras unter euren Füßen. Schaut Kindern beim Spielen zu oder spielt mit. Betrachtet die Wolken, wie sie am Himmel ziehen. Beobachtet ein Insekt auf einer Blüte, schaut einer Biene dabei zu, wie sie sich putzt, wie sie Honig sammelt. Schaut einfach und lasst euch ganz in diese Betrachtung hineinfallen. Beobachtet das Spiegeln der Sonne auf dem Wasser eines Sees oder die Wellen, die sich an der Oberfläche kräuseln, und geht ganz in dieser Betrachtung auf. Werdet innerlich still und lasst euch berühren. Das ist der Schlüssel.

Um das Göttliche zu erkennen, muss das Herz berührt werden. Nur mit den Augen des Herzens vermag man mich zu erkennen. Bleibt berührbar. Verstehst du?«

»Ich glaube, schon.«

»Wenn du ein Problem hast, neigst du dazu, dich dahinein zu verbeißen, und dann bist du für nichts und niemanden erreichbar, nicht für die Schönheit und die Segnungen, die das Leben für dich bereithält. Ja, auch wenn ihr gerade Schlimmes durchlebt, diese Segnungen sind da. Ihr müsst jedoch eure Augen öffnen, um sie wahrnehmen zu können, statt euch in euch selbst zu vergraben und die ganze Welt aus eurem Kummer heraus auszuschließen. Das ist zwar verständlich, wenn ihr tief enttäuscht worden seid, doch wenig hilfreich.

Ihr findet mich im Leben – im Singen der Vögel, im Glitzern eines Tautropfens, im Lachen eines Kindes, im Wind, der über eure Haut streicht, im Regen, der die Erde tränkt, in den Worten eines guten Freundes – oder ihr sprecht selbst mit mir. Wenn ihr euch öffnet, antwortet euch die gesamte Schöpfung. Es kann nicht anders sein, denn alles ist miteinander verwoben durch das Netz des Lebens. Es ist dieselbe Energie, die in allem schwingt, die alles durchströmt. Hast du nicht darüber bereits mit meinem Sohn gesprochen?«

»Ja.« Ich dachte an die Gespräche mit Christus über den Sinn und die Schönheit der Schöpfung.

»Du hast diese Energie auch bereits gesehen, erinnerst du dich?«, hakte Gott nach.

Vor nicht ganz einem Jahr hatte ich ein paar Tage in einem außergewöhnlichen Zustand von Seligkeit und veränderter Wahrnehmung verbracht. In jenen Tagen wurde mir die verborgene Energie der Schöpfung gezeigt. Ich sah plötzlich die Energiefelder von Menschen und Tieren und die Unterschiede in ihrem Bewusstsein. Ich konnte die physikalischen Unterschiede von Lebewesen, Gestein, Wasser und Luft fühlen, als würde ich das jeweilige Element von *innen* her erleben. Am helllichten Tag, von anderen Menschen umgeben, sah ich Ströme goldenen Lichts in den Bäumen und Pflanzen auf und ab strömen, als sei dies ihre innerste Essenz.

Dann erlebte ich einen Zustand, in dem sich die Grenzen von Raum, Zeit und Materie auflösten. Tatsächlich befand ich mich an der Promenade eines italienischen Sees, doch gleichzeitig konnte ich mich wachbewusst an jeden beliebigen Ort auf der Welt begeben und die Gerüche, Farben, Formen und Geräusche eines tausende Meilen fernen Ortes so lebendig wahrnehmen, als wäre ich leibhaftig dort. Es war eine äußerst faszinierende und sehr vergnügliche Erfahrung. Tagelang befand ich mich in einem Zustand höchster Glückseligkeit und glaubte, dies sei von nun an meine natürliche Art, die Welt zu erfahren.

Doch das ging vorüber. Danach war ich monatelang betrübt, da ich diesen Zustand höchsten Glücks verloren glaubte, bis ich schließlich einsah, dass alle Erfahrungen natürlicherweise vergehen und dass das Trauern um die Vergangenheit mich nur davon abhielt, Freude und Erfüllung in der Gegenwart zu finden.

»Also du meinst, wir sollen uns mitten ins Leben begeben, wenn wir traurig oder niedergeschlagen sind, statt uns zurückzuziehen?«, griff ich das Gespräch wieder auf.

»Ja, richtig.«

»Aber manchmal möchte man doch allein sein …?«

»Schaut, dass ihr euch in eurem Kummer nicht aus dem Leben zurückzieht. Bleibt mit dem Leben verbunden. Wenn ihr allein sein wollt, geht in der Natur spazieren. Nehmt Kontakt mit den Bäumen auf, berührt ihre Rinde, fasst das Moos an, streichelt über Steine, zieht die Schuhe aus und spürt das Gras unter euren Füßen. Berührt die Erde mit euren Händen, riecht den Duft des Grases oder des Heus.

Spürt an einem kalten Wintertag, wie die Schneeflocke auf eurer Haut oder der Schnee in eurer Hand schmilzt. Hört die Geräusche und atmet die Gerüche. Lauft durch den Schnee, lasst euch in den Schnee hineinfallen, wie Kinder es tun. Und: RUFT MICH, und ich werde da sein. Wo immer du bist, bin ich …«

Die Liebe und Weisheit, die in seinen Worten mitschwangen, vermittelten mir ein wunderbares Gefühl von Geborgenheit.

»Wie fühlst du dich?«

»Erleichtert. Und glücklich darüber, mit dir zu reden.«

Die Probleme des Alltags waren weit in den Hintergrund gerückt. Was für eine großartige neue Erfahrung – mit Gott selbst zu sprechen!

Im Nachhinein ist es für mich schwierig bis unmöglich, zu erklären, warum in meinem Leben zuerst Christus auftrat und danach Gott. Es geschah einfach in dieser Reihenfolge. Von Christus hatte ich keinerlei Vorstellung im Kopf, was sein Auftreten sicher erleichterte. Dagegen war meine Vorstellung von Gott durch christliche und gesellschaftliche Konzepte vorgeprägt, die eher in Richtung eines strafenden Gottes wiesen und mir, wenn auch unbewusst, eher Unbehagen bereiteten.

Die Gespräche mit Christus veränderten jedoch meine Sichtweise des Göttlichen grundlegend. Sie schufen die Basis, auf der eine Kommunikation mit Gott überhaupt erst möglich wurde, und die großartige Erfahrung eines überaus liebevollen, wunderbar weisen und mitfühlenden Gottes, mit dem man über alles, aber auch wirklich alles reden kann.

Während ich mit Christus mehr über die metaphysischen Aspekte des Daseins und die größeren Zusammenhänge gesprochen hatte, drehten sich die Dialoge mit Gott nun auch um ganz konkrete Situationen des täglichen Lebens.

Es ergänzte sich wunderbar.

21

Kontakt mit Engeln

Die Sonne schien mild, und der Wind wiegte sacht die Blätter des großen Walnussbaums vor dem Fenster.

»Worüber wollen wir heute sprechen?«

»Worüber du möchtest«, entgegnete Gott.

»Gut. Wer oder was sind die Engel?«

Über Engel gab es eine Menge unterschiedlicher Auffassungen. Was würde wohl Gott zu diesem Thema sagen?

»Engel sind Anteile meines Selbst«, antwortete er. »Sie sind Boten einer höheren, feinstofflichen Dimension, und sie sind hier, um euch zu helfen. Unter ihnen sind zum Beispiel Wesen, die sich nach ihrem physischen Tod weiterentwickelt und beschlossen haben, dass sie den Menschen dienen wollen. Es gibt viele verschiedene Entwicklungs- und ›Ausbildungsstufen‹. Manche, wie etwa die Erzengel, dienen der Menschheit bereits seit langer Zeit und haben eine entsprechende ›Ausbildung‹ durchlaufen, wenn du es so nennen möchtest. Ihnen allen gemeinsam ist jedoch der Wunsch und Wille, den Menschen zu dienen. Wie du weißt, können sie euch nur helfen, wenn ihr sie ruft.«

»Bis auf seltene Ausnahmen.« So gab es Berichte von wundersamen Rettungen aus tödlichen Gefahren durch Helfer, die scheinbar aus dem Nichts genau im rechten Augenblick aufgetaucht waren.

»Was meinst du eigentlich mit ›höher‹?« Er hatte die höhere Dimension der Engel erwähnt.

»Ich spreche von ›höher‹ in Bezug auf die schnellere Schwingung der Engel«, antwortete Gott. »Die Materie eures Körpers schwingt langsamer, sie ist dichter. Die Schwingung der Engel ist schnell, deshalb besitzen sie keinen physischen, dichten, sondern einen feinstofflichen Körper, den ihr manchmal als Lichtgestalt wahrnehmt.«

»Wie kommunizieren sie mit uns?«

»Über Gefühle, über euer Herz, über Eingebungen, Visionen und Bilder, die sie euch senden. Sie haben viele Möglichkeiten. Sie können euch auch das Gefühl vermitteln, dass ihr umarmt werdet.«

»Sie sind also deine Boten, die dazu dienen, in deinem Sinn eine Vielzahl von Aufträgen und Erledigungen auszuführen?«

»So könnte man es nennen.«

»Aber wozu sind die Engel da, wenn doch jeder mit dir selbst sprechen kann?«

»Nun, man kann mit mir reden oder auch mit meinen Boten. Im Grunde ist jeder von euch einer meiner Boten. Ihr habt es nur noch nicht erkannt oder vergessen. Das göttliche Licht ist überall. In jedem Blatt, in den Augen jedes eurer Mitmenschen. Wenn ihr lernt, mit dem Herzen zu sehen, könnt ihr dieses Licht erkennen. Ich bin euch nicht fern, irgendwo da oben. *Ich bin mitten unter euch.* In allem, was existiert, ja, und natürlich auch in dir. Wer diese Verbundenheit wieder spürt und die Wahrheit erkennt, ist wahrhaft heimgekehrt. Hast du Fragen dazu?«

»Also – hierzu – nein … aber garantiert noch viele weitere …«

»Nun, wir können das Gespräch jederzeit fortsetzen.«

»Wie kann ich bei all dem Lärm zentriert bleiben?« Es herrschte jede Menge Lärm in der Umgebung, doch das Gespräch wollte ich keinesfalls unterbrechen.

»Richte den Fokus deiner Aufmerksamkeit auf mich, bleibe einfach bei mir«, erwiderte Gott.

»Und das geht?«

»Du wirst sehen. Erinnerst du dich an gestern? Wie war es da?«

Er hatte recht. Mitten in der Fußgängerzone auf einer Bank sitzend, hatte ich mich trotz all der vorbeigehenden Passanten mit Gott unterhalten.

»Siehst du? Es geht. Ihr könnt immer mit mir sprechen. Die Frage ist nur, ob ihr es zulasst. Wenn deine Aufmerksamkeit ins

Außen fließt und du dich dabei verlierst, beispielsweise, indem du Widerstand gegen den Lärm der Umgebung aufbaust, wird es schwer, mich zu hören. Der Widerstand macht es schwer. Ich bin immer da.

Richte deine Aufmerksamkeit nach innen, auf mich, und wir können das Gespräch beginnen – oder fortführen. Ich bin immer bereit und freue mich auf eure Fragen. Fragt, was immer ihr wissen möchtet, was immer euer Herz bewegt. Ich werde einen Weg finden, euch zu antworten.«

»Aber manchmal hören wir deine Antworten nicht und verzweifeln, weil wir das Gefühl haben, dass du nicht reagierst. Was ist in diesen Fällen?« Natürlich kannte ich das aus eigener Erfahrung.

»Oft habt ihr zwischen euch und mir eine Wand errichtet, sodass es euch schwerfällt oder sogar unmöglich ist, mich zu hören. Ich habe dir – euch – auch erklärt, was ihr tun könnt, damit diese Wand verschwindet …« In dem vorangegangenen Gespräch hatte Gott wiederholt betont, wie wichtig es sei, berührbar zu bleiben, da er dann mit uns kommunizieren kann. Diese Berührbarkeit entsteht durch ein bewusstes Hinwenden zum Göttlichen.

»Wie sieht es mit Gebeten aus?«

»Ich höre alle eure Gebete. Doch ihr könnt meine Antwort nicht vernehmen, wenn euer Herz verschlossen ist. Deshalb ist es so wichtig, dass ihr euer Herz offen haltet, dass ihr berührbar bleibt. Dann kann ich direkt mit euch kommunizieren, und ihr werdet meine Antwort vernehmen.«

»Das leuchtet ein.«

»Wie sollte es nicht einleuchten? Euer Herz ist meine Schnittstelle mit euch, sozusagen die Kommunikationszentrale. Bei manch einem hängt da ein großes Schild »Geschlossen«. Dann ist es sehr schwierig, mit euch in Kontakt zu treten, obwohl ich es immer wieder versuche, Tag für Tag. Erinnerst du dich an die Geschichte, die du gestern gelesen hast?«

*

Die Geschichte handelt von einem kleinen Jungen und einer alten Dame, die eines Nachmittags auf einer Parkbank einander begegnen. Auf der Bank sitzend, lächeln sie einander schweigend an und schauen vergnügt den Vögeln zu. Schließlich öffnet der kleine Junge sein Köfferchen und teilt, ohne ein Wort zu sagen, mit offenherziger Geste seinen mitgebrachten Proviant – Schokoriegel und Limonade – mit der alten Frau. Erfreut nimmt sie seine Gaben an und schenkt ihm dafür ein bezauberndes Lächeln. Ohne auch nur ein einziges Wort zu wechseln, verbringen die beiden glücklich den ganzen Nachmittag miteinander auf der Parkbank.

Als der kleine Junge schließlich nach Hause zurückkehrt, strahlt er vor Freude. Auf die besorgte Frage seiner Eltern, wo er denn so lange gewesen sei, antwortet der Junge: »Ich habe mit Gott Mittag gegessen.« Und die alte Dame, wieder daheim, erzählt ihrem Sohn glücklich, sie habe mit Gott auf einer Bank gesessen und Schokoriegel gegessen.[3]

*

»Es gibt Tausende und Abertausende Möglichkeiten für mich, in Kontakt mit euch zu treten«, fuhr Gott fort. »Ein offenes Herz ist der Schlüssel. Im Herzen liegt die Weisheit des gesamten Universums verborgen. Es ist die Kommunikationszentrale mit der gesamten Schöpfung, das Alpha und Omega. Eintritt und Austritt, Leben und Sterben, Verbundenheit und Getrenntheit, Teilnehmen und Sich-Ausschließen, Einssein mit allem, Erleuchtung und Verblendung, Trugschluss und Sehen der Wahrheit – das Herz ist der Schlüssel.«

»Für all dies?«

»Für all dies und noch viel mehr. Das Herz, das Im-Herzen-Sein und Aus-dem-Herzen-Leben eröffnet euch Möglichkeiten, von denen ihr zum gegenwärtigen Zeitpunkt noch nichts ahnt oder die ihr erst langsam beginnt in Erwägung zu ziehen.« ›Herz‹ bezeichnet die allumfassende Dimension unseres Seins, jenseits aller Dualität.

»Zum Beispiel?«

»Zum Beispiel die Kraft der Liebe. Wie sehr glaubst du, dass sie Unmögliches bewirkt?«

»Hm.« Ich wusste von einigen geistigen Heilern, die aufgrund ihrer innigen Verbindung zur göttlichen Quelle und ihrer Liebe zur Menschheit in der Lage waren, als unheilbar geltende Krankheiten zu heilen. Aber, sagte der Verstand, dies waren schließlich *andere* Menschen mit zudem außergewöhnlichen Fähigkeiten. Doch ich spürte, dass Gott auf etwas anderes hinauswollte: Wie stand es mit der Kraft der Liebe in uns selbst?

»Glaubst du, dass es dieselbe Kraft ist, die in einem außerge-wöhnlichen Heiler wirkt und in dir?«, hakte Gott nach. Es war klar, dass es nicht um eine intellektuelle Theorie ging, sondern um die tiefe innere Überzeugung.

Ich schwieg eine Weile und entdeckte, dass ich nicht wirklich daran glaubte, dass dieselbe wundervolle Kraft auch durch mich wirken könnte.

»Du glaubst zu wenig an dich selbst«, bemerkte Gott. »Würdest du dich nicht selbst begrenzen, könntest du ebensolche Wunder bewirken.«

»Wie kann ich aufhören, mich selbst zu begrenzen?«

»Lade mich immer wieder ein, durch dich zu wirken, in dir zu wirken. Der Gedanke ›Ich kann das nicht‹ blockiert euch am meisten, wie auch der mindestens ebenso katastrophale Gedanke ›Ich bin dessen nicht würdig‹. Wer seid ihr, euch auf diese Weise zu begrenzen? Weißt du nicht, dass du ein wundervoller EINZIGARTIGER Ausdruck göttlicher Schöpfung bist, eine Manifestation der Liebe?

Ohne Liebe könnte euer Körper nicht existieren. Liebe ist das, was euren Körper am Leben erhält. Liebe ist die leuchtende, lebenspendende Kraft in und hinter allem. Wenn ihr eure Zellen mit Liebe versorgt, gedeihen sie prächtig. Kinder, Pflanzen, junge Tiere, die ihr mit Liebe aufzieht, entwickeln sich prächtig, werden stark und gesund. Es ist dieselbe Energie, die auch eure Körperzellen benötigen. Lasst mich euch lieben! Ja, lasst es zu, von mir geliebt zu werden. Lasst es zu, meine unendliche Liebe für euch zu spüren. Öffnet euch für mich, und die nährende, heilende Kraft der Liebe wird euch durchströmen und Heilung bringen – für euer Herz, für euren Körper, für eure Emotionen.«

»Kannst du mir ein Gebet geben, das wir anwenden können, um dich einzuladen?«

»Bete oder lade mich auf die Weise ein, wie es dein Herz möchte, mit deinen eigenen Worten. Jeder Mensch ist einzigartig – wie sollte es da ein Gebet geben, das für alle gleich gut funktioniert?«

»Das leuchtet ein, in Ordnung. Aber was ist mit dem Vaterunser?«

»Dieses Gebet ist als Richtschnur gedacht, und es stammt aus einer anderen Zeit, als andere Schwingungen herrschten und die Menschen andere Weisungen brauchten. Worte, die dein Herz nicht berühren, die du nicht aus dem Herzen sprichst, sind tot. Lass dein Herz zu mir sprechen, so wie es dir entspricht, sei erfinderisch und frei in deiner Formulierung. Und dafür müsst ihr nicht in die Kirche gehen, auch wenn ihr es natürlich tun könnt. Ich bin überall – in der Natur, bei euch daheim, mit euch im Auto, im Büro oder im Café …«

Seine Anspielung darauf, dass unser Dialog genau genommen in einem Café begonnen hatte, ließ mich schmunzeln.

»Das Herz ist der Schlüssel. Je offener das Herz, desto ungehinderter kann die Kraft der Liebe durch euch fließen und heilen, was aus dem Gleichgewicht geraten ist – in eurem Körper, in euren Beziehungen, in eurem Leben.«

»Sprichst du von Hingabe?«

»Ja, so könnte man es nennen. Hingabe an das Sein. Hingabe an die Liebe. Hingabe an die Schönheit. Hingabe an die Freude. Hingabe an das Leben. Denn in allem findest du mich.«

22
Ein Quantensprung

Ich liebte den Dialog mit Gott.

»Das ist das Beste, was mir überhaupt passieren konnte«, teilte ich ihm begeistert mit.

»Hast du das nicht auch zu meinem Sohn gesagt?«

»Ja. Ist es nicht dasselbe?«

»Mein Sohn ist ein Auguss meines Selbst. Insofern hast du recht. Im Übrigen seid ihr alle Ausgüsse meines Selbst, ihr seid euch dessen nur nicht bewusst oder habt es vergessen. Ich liebe euch nicht weniger, als ich meinen Sohn geliebt habe. Meine Liebe ist unendlich und allumfassend und in der Lage, jedes einzelne Atom, das existiert, zum Schwingen zu bringen.«

»Zum Schwingen?«

»Ja. In die Frequenz der Liebe zu versetzen – in den Zustand, in dem die Schöpfung ursprünglich einmal war. Bedingungslose Liebe, Reinheit, Unschuld. Alle Materie, die gesamte Schöpfung ist davon durchdrungen. Derzeit existiert jedoch sehr viel Chaos auf der Erde und in der Menschheit. Das ist betrüblich, aber nicht unerwartet.«

»Nicht unerwartet? Wie meinst du das?«

»Wenn man ein Wesen mit so viel Macht und Schöpferkraft ausstattet, wie ich es bei dem Menschen getan habe, besteht durchaus die Gefahr, dass dieses Wesen übermütig wird und über die Stränge schlägt, um mit euren Worten zu sprechen, auch wenn es sich selbst – und vieles andere – dabei zerstört.«

»Und du würdest es nicht aufhalten?«

»Warum sollte ich? Ihr seid mit unendlich großer Schöpferkraft ausgestattet. Ihr wirkt als meine Abbilder, und *ihr seid nicht von mir getrennt.* Es ist an euch, die Harmonie auf der Welt wiederherzustellen, denn ihr habt die Welt in den Zustand gebracht, in dem sie jetzt ist.«

»Stimmt.«

»Und ihr könnt diesen Prozess rückgängig machen, indem ihr euch daran erinnert, wer ihr wirklich seid: Wesen der Liebe. Liebe ist der ›Klebstoff‹ des Universums, ist das, was eure Zellen am Leben erhält, ist die – für die meisten von euch – unsichtbare Kraft in und hinter allem. Erinnert euch an diese Frequenz, ruft sie in euch wach, und ihr werdet die Welt verändern. Alles wird sich verändern, wenn ihr wieder beginnt, euch zu erinnern. Es ist einfacher, als ihr vielleicht denkt. Löst euch von eurer Orientierung auf rein äußere, materielle Werte und wendet euch wieder dem Inneren, dem Herzen zu.

Die Welt des Egos gründet auf Illusionen, Gegensätzen, Konkurrenzdenken, Machtkämpfen, Neid und Gegeneinander. In der Welt des Herzens siehst du alles als Eins – als Eins in vielen wundervollen Formen. Und weil alles eins ist und du somit die anderen Formen der Schöpfung als Teile deiner selbst erlebst, achtest und respektierst du sie entsprechend. Kannst du mir folgen?«

»Hm, ja. Moment, ich möchte ein wenig darüber nachdenken.« Ich versuchte mir vorzustellen, wie und ob die Wirtschaft ohne Konkurrenzdenken und Machtkämpfe funktionieren würde, wenn die Menschen, statt gegeneinander zu arbeiten, die Einheit mit allem empfinden würden. Wahrscheinlich käme es zu erheblichen Umwälzungen …

Er hatte meine Gedanken verfolgt und bemerkte: »Ihr könnt eure Geschäfte weiter erledigen, euren Beschäftigungen weiter nachgehen, jedoch auf der Ebene des Herzens. Dann werdet ihr einen wahren Quantensprung eures Bewusstseins erleben, einen Quantensprung eures Miteinanders, einen Quantensprung in der Welt. Ihr erwacht, und mit euch erwacht die Welt.«

»Das klingt sehr schön.«

»Das IST schön. Hattest du nicht bereits solche Erlebnisse, wo du Bestandteil und Handelnder in dieser neuen Welt warst?«

»Ja.« Nur zu gern erinnerte ich mich an die einzigartigen Erfahrungen mit der Frequenz des Paradieses.

»Sobald Menschen mit einer ähnlichen Ausrichtung und Einstimmung auf die Frequenz des Herzens, auf Einheit, zusammenkommen, baut sich ein Feld auf, das sich rückkoppelnd verstärkt. So erlebt ihr innerhalb dieses Feldes zunehmend wunderbare Fügungen, geführt von Gnade. So ähnlich hast du es doch erlebt, oder?«

»Ja, es war wundervoll. Es hat mir gezeigt, wie wir miteinander und mit dir in Harmonie und großer Freude leben können.«

»Der Prozess beginnt in jedem Einzelnen. Jeder Einzelne, der aufwacht und beginnt, mich zu hören, verstärkt das Feld. Wartet nicht, wendet euch jetzt an mich. Worauf solltet ihr warten? Ich bin bereit.

Begebt euch an einen ruhigen Ort, wo ihr ungestört seid, und beginnt, mit mir zu reden. Sucht mich – in der Natur, in den Menschen, in den Wolken, in den Blumen –, ich bin da. Wenn ihr es WIRKLICH wollt, werdet ihr mich finden. Ich bin nicht von euch getrennt, ich bin in euch und um euch. Ihr könnt mich niemals verlieren. Aber ihr habt die Freiheit, wegzuhören und die Verbindung zu unterbrechen. Das ist eure Wahl, und niemand richtet euch dafür – nicht ich und niemand sonst. Wenn Menschen euch verurteilen und über euch richten, haben sie sich selbst von Gott getrennt. GOTT RICHTET NICHT, GOTT VERURTEILT NICHT, GOTT LIEBT.

Und wenn ihr euch entscheidet, meine Stimme wieder hören zu wollen, wenn ihr mich wieder finden wollt, wird es geschehen. Dazu braucht es keine lange Vorbereitung oder komplizierten Rituale. Ein einziger Moment der ehrlichen, aufrichtigen Entscheidung genügt. Ich heiße jeden von euch ungeachtet seiner oder ihrer Vergangenheit mit offenen Armen willkommen. Wisst das! Ihr seid willkommen – jederzeit.«

Ungeachtet der Vergangenheit – das bedeutete, dass dieser Weg wirklich jedem Menschen offenstand. Doch wie passte das zu dem Konzept eines strafenden oder gar verdammenden Gottes, wie es über Jahrhunderte in einigen Kulturkreisen aufrechterhalten worden war?

»Es gibt keinen Gott der Verdammnis«, erwiderte Gott ruhig. »Das ist eine Erfindung von Menschen, die sich selbst von Gott getrennt haben und deren Bestreben es war, Macht über andere auszuüben – ein langer Irrweg, den die Menschheit dadurch beschritten hat. Räumt damit auf. Findet zu euch selbst zurück. Lauscht auf die Weisheit und Wahrheit eures Herzens. Dort spreche ich zu euch, dort findet ihr mich – wirklich, es ist einfach. Entzieht euch der permanenten Kontrolle des Verstandes, und übergebt euch der Führung eures Herzens. Und es werden Wunder geschehen, ihr werdet sehen – in euch selbst und in eurem Umfeld. Eure gesamte Erfahrung wird sich verändern, wenn ihr den Quantensprung wagt.«

»Den Quantensprung von der Kontrolle zur Liebe?«

»So könnte man es nennen. Ich bevorzuge die Formulierung ›vom Verstand ins Herz‹. Natürlich braucht ihr euren Verstand, er ist ein wichtiges Instrument. Nur besitzt der Verstand keine Weisheit. Dafür ist er nicht gedacht. Wahre Weisheit erschließt sich dem Herzen. Und wer die Weisheit einmal gefunden hat, indem er mit den Augen des Herzens schaut, kann fortan den Verstand dazu einsetzen, diese Erfahrung zu verkünden, davon zu berichten oder auch zu schweigen, wie es manche tun. Der Verstand, als Diener des Herzens, erfüllt seine Aufgabe korrekt.«

»Meinst du wirklich ›korrekt‹? Das klingt so nüchtern ...«

»Korrekt im Sinne von ›nicht fehlgeleitet‹. Indem sich der Verstand zum Herrscher aufspielte, gepaart mit wachsender Verwirrung und der Illusion einer nicht zutreffenden Identität – das also, was ihr als das ›Ego‹ bezeichnet –, habt ihr vergessen, auf euer Herz zu hören. Es ist so einfach. Und auch wieder nicht, weil ihr die jahrzehntelangen Konditionierungen aus eurem eigenen Leben überwinden müsst sowie die kollektive Gewohnheit, das Ruder eures Lebens dem Verstand zu überlassen. Das hat zum Entstehen einer falschen, auf Getrenntheit beruhenden Identität geführt. Diese Konditionierungen gilt es zu überwinden. Der Weg dazu führt über das Herz. Kannst du mir folgen?«

»Am Anfang unseres Gesprächs hast du gesagt, deine Liebe sei in der Lage, jedes einzelne Atom, das existiert, zum Schwingen zu bringen, in die Frequenz der Liebe zu versetzen. Darüber würde ich gern mehr erfahren.«

»Wenn sich jemand an mich erinnert, beginnt er, beginnt sein Körper und sein gesamtes Wesen, zunehmend in dieser Frequenz zu schwingen. So erklären sich die sogenannten ›Wunderheilungen‹. Für die Liebe gibt es keine Grenzen, auch nicht in Bezug auf Materie. Wenn ihr euch mehr und mehr an das erinnert, was ihr seid, was euer Ursprung ist, werdet ihr wahrhaft grenzenlos. Dann werdet auch ihr Wunder vollbringen können, so wie es mein Sohn getan hat – und einige andere auch.

Natürlich seid ihr alle meine Söhne und Töchter, und ich habe dieselbe Liebe für jeden von euch. Begrenzt euch nicht selbst, indem ihr euch für minderwertig haltet und einen anderen für besser oder wertvoller. In meinen Augen wird so nicht gemessen. Solche Selbstverurteilung schafft Leid und Getrenntheit – von mir und von euch selbst. Mir ist es gleich, wie viel oder wie wenig ihr habt, wie sehr oder wie wenig ihr angesehen seid, ob ihr arm oder reich seid – solange euer Herz mit mir verbunden ist. Wer bei mir und mit mir ist, der ist wahrhaft reich.«

»Aber du hast doch gesagt, wir könnten dich ohnehin nicht verlieren? Wie kann man dann ›nicht‹ mir dir sein?«

»Das ist richtig. Den goldenen Samen, das Gottgleiche, die Frequenz der Liebe trägt jeder in sich. Insofern kann man mich nicht wirklich verlieren. Der Mensch kann sich aber bewusst entscheiden, gegen die Liebe zu agieren, für die Getrenntheit zu arbeiten, für das Chaos, und so das Chaos in der Welt vergrößern und mehr Leid erzeugen. Mit wahrhaft reich meine ich den Reichtum des

Herzens – eine bewusst gelebte Verbindung mit dem All-Einen, denn in Wahrheit hat alles denselben Ursprung. Wenn ihr jenseits von Gut und Böse geht, könnt ihr das erkennen. Doch dieser Weg ist nur über das Herz [Anmerkung: das große Selbst] möglich.

Es gibt keinen anderen Weg zu mir, in die All-Einheit oder – um mit anderen Worten aus eurem Sprachgebrauch zu sprechen – zur Erfahrung des Nullpunktfeldes, des Quantenfeldes, wie es einige eurer Wissenschaftler neuerdings formulieren, als über die Weisheit des Herzens. Von dort erschließt sich euch eine völlig andere Erfahrung dessen, was ihr Realität nennt, ohne dass sich im Außen zwangsläufig etwas ändern muss. Es *wird* sich jedoch ändern als Folge eurer veränderten Ausrichtung und Frequenz, wenn ihr mehr auf der Ebene der Liebe und Einheit schwingt.«

»Noch einmal zu den Atomen am Anfang: Alles, was existiert, hatte ursprünglich die Frequenz der Liebe ...«

»Richtig.«

»... und der Mensch hat einiges davon durcheinander, aus dieser ursprünglich harmonischen Schwingung gebracht, weil er selbst in die Getrenntheit gegangen ist. Die Natur hat dann unsere gestörte Frequenz teilweise aufgenommen und ist selbst aus dem Gleichgewicht geraten ...«

»Richtig. Weiter so.«

»Da alles mit allem verbunden ist und von demselben einen Geist beseelt ist, können wir, indem wir uns selbst mehr in den Zustand von Liebe und Harmonie bringen und uns somit unserer Urschwingung von bedingungsloser, nicht-urteilender Liebe nähern, auch die aus dem Gleichgewicht geratene Natur heilen? Politiker heilen? Aggressoren zur Vernunft bringen?« Allein die Aussicht auf solche Möglichkeiten versetzte mich in Begeisterung.

»Im Grunde schon. Nur fangt bei euch selbst an. Versucht nicht, das Verhalten eines anderen kontrollieren oder verändern zu wollen. Das wäre wieder der falsche Weg. Es beginnt bei DIR. Bei niemandem sonst. Dort beginnt der Weg, dort beginnt die Vernetzung, von dort aus wird das Netz der Liebe geknüpft.

Und wie ich dir schon sagte, kann die Natur dort, wo sie noch nicht aus dem Gleichgewicht geraten ist, auch wesentliche Hilfestellung leisten, euch an eure ureigene Frequenz der Harmonie zu erinnern. Sie bringt etwas in euch zum Schwingen, erzeugt ein Gefühl der Harmonie und des Friedens. Tragt diese Schwingung mehr in euren Alltag hinein. Darum geht es. Ich bin nicht nur in der Natur, sondern auch im Alltag an eurer Seite.

Erinnert euch an mich. Es ist eine Frage der Ausrichtung. Auch wenn Tränen, Wut oder Verzweiflung da sind, mit der inneren Ausrichtung auf das All-Eine werdet ihr immer mehr den Frieden unter der Oberfläche der aufgewühlten Gefühle spüren.

Je mehr ihr dies spürt, umso mehr werdet ihr über euch selbst lächeln können, über die Verwirrtheit, in der sich euer kleines Selbst, das Ego, befindet, während euer Herz, euer großes Selbst, das eins mit mir ist, die Wahrheit kennt.

Wenn ihr euch vor und in schwierigen Gesprächen, etwa mit eurem Vorgesetzten, an euer Einssein mit mir erinnert und euch darauf einstimmt, werdet ihr andere Erfahrungen machen – von mehr Frieden und mehr Harmonie. Dies wird euch helfen, zunehmend das Göttliche in allem zu erkennen.

Übrigens: Erinnerst du dich an deine Erfahrung mit dem Müll, damals, in jenem Straßencafé?«

Ich wusste sofort, was er meinte. Obwohl es inzwischen schon einige Jahre zurücklag, lange vor dem ersten Gespräch mit Christus, war jener spektakuläre Tag in meiner Erinnerung so lebendig, als wäre es gerade erst geschehen.

23
Erwachen

Südamerika. Von einer längeren Reise zurückgekehrt, lag ich eines Nachmittags auf dem Rasen in der Sonne und dachte über meine bisher ergebnislose Suche nach der Wahrheit, nach *dem* Schlüssel zu Glück und innerem Frieden nach. Diese Suche hatte in der Vergangenheit ganz wesentlich mein Leben bestimmt. Ich hatte alles unternommen, was mir nur einfiel, hatte weder Kosten noch Mühen noch aufwendige Reisen gescheut. Doch auch diese letzte Reise, so abenteuerlich sie auch gewesen war, hatte meine innere Sehnsucht nicht befriedigen können.

Zutiefst müde von all der ergebnislosen Suche beschloss ich spontan, sie endgültig aufzugeben. Es machte keinen Sinn mehr. Ich kapitulierte vollständig.

In diesem Augenblick wich eine große Last von mir. Nichts gab es mehr zu tun – welch unglaubliche Erleichterung! Ich fiel in eine wundervolle, tiefe Entspannung, gefolgt von dem Gefühl einer seltsamen Leere. Ich lag einfach nur da, starrte in den Himmel und lauschte dem Rascheln der Blätter, die der Wind sacht hin und her bewegte. In meinem Inneren war vollkommene Stille und tiefster Frieden.

Mit einem Mal wurde ich unvermittelt aus meiner gewohnten Art der Wahrnehmung katapultiert: Die Geräusche waren plötzlich viel intensiver, die Farben leuchtender. Alles strahlte mehr und schien auf wunderbare Weise verwandelt. Als wäre ich in diesem Moment neu geboren worden, erfuhr ich die Welt nun mit völlig anderen Sinnen. Es war unglaublich, und eine unsagbar köstliche Freude am Dasein durchströmte mich.

Ich stand auf.

Eine Hand zu bewegen oder einen Schritt zu machen – jede Bewegung des Körpers war plötzlich eine aufregende und höchst erstaunliche Erfahrung. Alles, selbst die gewöhnlichsten Handlungen waren voller Magie: das Licht zu sehen, das sich beim Geschirrspülen in einem Löffel spiegelte und die glitzernden Wassertropfen bereiteten mir nahezu ekstatisches Vergnügen. Ich war voller kindlicher Freude, Aufregung und Begeisterung darüber, einfach nur zu sein.

Das Ich, das vorher meine Wahrnehmung bestimmt hatte, war verschwunden und durch eine köstliche Freude am Dasein ersetzt worden. Gleichzeitig hatte ich das deutliche Gefühl, von einer liebevollen Kraft umarmt zu werden.

Diese Erfahrung ging nahtlos über in einen Zustand, in dem ich mich als räumlich unbegrenztes Feld erlebte, wobei etwas Höheres die Führung übernahm. Und dieses Höhere – ES – erfuhr alles ganz anders. Nichts war mehr von mir getrennt. Die Unterscheidung zwischen ›mir‹ und ›dem anderen‹ war völlig aufgehoben – es gab nur noch Eins. Es bewegte meinen Körper zum Café, und dabei existierte kein Unterschied zwischen dem Erleben meines Körpers und dem eines *anderen* Menschen auf der gegenüberliegenden Straßenseite. Es war *dasselbe*. Diese Erfahrung war jedoch nicht beängstigend, sondern außerordentlich befreiend. Es war ein Gefühl von Unendlich-weit-Sein, von Grenzenlosigkeit und gleichzeitig absoluter Geborgenheit im allumfassenden Sein. Auf magische Weise war das alte Ich durch grenzenloses SEIN ersetzt worden.

Im Café angelangt, trank ES-IM-KÖRPER einen Cappuccino und verspürte nichts als einen unendlich tiefen Frieden. Es saß einfach nur da, und alles war vollkommen. Nur etwa zwanzig Meter entfernt röhrten auf der Straße lautstark qualmende Schwerlaster vorbei. Müll lag verstreut herum, in den halbvertrockneten staubigen Büschen am Wegesrand hingen Plastiktüten, die der Wind angeweht hatte. Eine Öllache vor dem Café, ein streunender Hund und eine rostige Satellitenschüssel, die an der Wand lehnte, ergänzten die eigentümliche Szene.

Doch nichts von alldem störte. Alles war vollkommen, alles war perfekt. Es liebte alles so, wie es war. Da war nicht einmal der Gedanke, dass etwas nicht perfekt sein könnte, sondern es war ein wertfreies Sehen und Erleben von allem als eins.

In tiefsten Frieden versunken erfuhr ich Vollkommenheit an einem völlig gewöhnlichen Ort. Diese Erfahrung veränderte mich zutiefst.

*

»Im Außen hatte sich nichts verändert, im Innen jedoch viel«, griff Gott das Gespräch wieder auf. »Und die veränderte innere Ausrichtung wirkt wiederum auf die äußere Umgebung zurück. Das ist der Weg, um eure Welt wieder mehr ins Gleichgewicht zu bringen und um mehr Gleichgewicht in euch selbst zu finden. Hingabe ist dabei wichtig.«

»Hingabe woran?«

»An mich, an das Sein, an die Schönheit, an das Berührt-Werden. Öffnet die Augen, öffnet euer Herz. Ich spreche täglich mit euch. Die Frage ist nur, ob ihr es hört, hören wollt. Oft sende ich euch auch Boten und Hinweise in vielerlei Form. Und manchmal mache ich euch selbst zu Boten für andere. Ihr bekommt und gebt. Auf diese Weise wird das Gleichgewicht aufrechterhalten. Indem ihr gebt, nährt ihr eure eigene Frequenz der Liebe. Auf diese Weise wachst ihr beim Geben.«

Die Erinnerung an das Erlebnis im Straßencafé brachte mir ein früheres Gespräch mit Gott in Erinnerung, das nicht nur zu einer erstaunlichen Erkenntnis führte, sondern auch die damalige Erfahrung erklärte:

»Wie geschieht Erwachen?«

»Geh jenseits des Verstandes, und du findest die Wahrheit, nach der du immer gesucht hast.«

»Wie funktioniert das?«

»Jedes angestrengte Tun oder Erzwingen-Wollen verhindert, dass es geschehen kann. Du kannst nichts tun. SEIN im Herzen öffnet den Raum dafür. Folge daher bedingungslos und verstandeslos deinem Herzen. Warum verstandeslos? Der Verstand stellt stets Bedingungen, Forderungen, Erwartungen. Das Herz folgt nur der Liebe. Sei Liebe, lass diese Liebe dich lenken. Gib die Kontrolle auf und gib dich der bedingungslosen Liebe hin, die alles umschließt. Dann erwacht Gott in dir.«

»Was ist das ICH?«

»Die denkende, handelnde und fühlende Form inklusive der an diese Form gebundenen persönlichen Geschichte. Frage dich: Wer ist derjenige, der diese denkende, handelnde und fühlende Form beobachtet?«

»…? Gibt es zwei Ichs?«

»Wer ist das Ich, der das Körperform-Ich beobachtet?« Er schwieg einen Augenblick.

»Hm … Bewusstsein. Hat dieses Bewusstsein eine Identität?«

»Es erfährt sich durch diese Form, als Spiel.«

»Und was ist, wenn diese Form verschwindet, wenn man stirbt?«

»Das Bewusstsein bleibt davon unberührt.«

»Was genau geschieht bei einer Einheitserfahrung?« [Anmerkung: Erfahrung des Einsseins mit allem, was ist]

»Die Identifikation mit der Körperform löst sich auf. Dadurch existiert keine Getrenntheit mehr. Die Körperform funktioniert weiter, ist weiter ansprechbar, aber das persönliche Ich ist verschwunden.«

»Was ist stattdessen da?«

»Kein Ich. Ein All-Sein, ein In-allem-Sein, und ein Gefühl bedingungsloser Liebe zu allem, was ist.«

24

Das Abenteuer Dualität

Der Duft von frisch gemähtem Gras lag in der Luft. Hinter Wiesen und Wald, am fernen Horizont, erstreckten sich sanft im Sonnenlicht schimmernde Hügelketten. Alles wirkte wunderbar friedlich. Frieden.

In den blauen Himmel blickend fragte ich mich, wie es wohl wäre, von Geburt an ein Leben in Einheit zu führen, schlicht im seligen Meer der Einheit verbleibend? Wäre damit der gesamte Prozess des Erinnerns und Lernens in der Welt der Dualität hinfällig? Gäbe es dann vielleicht wertvolle Erfahrungen und Erkenntnisse nicht, wie etwa den Jubel der Seele über die Wiederentdeckung der Einheit?

»Wenn man bereits Jahrtausende in der Einheit verbracht hat, wäre es eine ziemlich langweilige Erfahrung, weiterhin in der Einheit zu bleiben«, bemerkte Gott trocken. »Der Reiz entsteht durch das Vergessen, durch die Erfahrung des Gegenteils und die irgendwann stattfindende Rückkehr der Seele zum Ursprung. Diese Reise aus der Einheit in die Dualität der Form und zurück in die Einheit ist das größte Abenteuer eures Lebens und zieht sich oft über viele Inkarnationen hinweg. Kannst du erkennen, was für ein Abenteuer es ist?«

»Ja.« Denn bereits während Gott sprach, vermittelte er mir in Sekundenschnelle die gesamte Erfahrung, während parallel dazu der Verstand auf der Ebene der Worte mit ihm kommunizierte. So war es mir möglich, ihm zu folgen.

»Ihr wart begierig darauf, das Leben in der Welt der Form und Dualität zu erfahren, begierig auf Abwechslung. Natürlich wusstet ihr, dass ihr niemals wirklich verloren geht. Das ist unmöglich. Vielmehr empfandet ihr es als ein großartiges Theater, das zu eurem Vergnügen aufgebaut wurde. Wie wenn ihr ins Kino geht, um einen spannenden Film anzuschauen.«

»Aber wir haben vergessen, dass es nur ein Film ist, und das war der Anfang von Leid und Schmerz, von Kampf, Krieg und Gegeneinander ...«

»Richtig. Doch ihr könnt die Perspektive korrigieren. Die Welt ist nicht schlecht. Lernt einfach nur, euch in ihr zu bewegen, *und* seid euch dabei eures Ursprungs bewusst. Das wird die Spaltung heilen, die viele von euch empfinden. In dem Moment, da ihr die Einheit erkennt – die Wahrheit hinter der äußeren Form –, seid ihr heimgekehrt, seid ihr zu Hause. Dann erkennt ihr euch als Einheit in der Erscheinungsweise der Form. Und diese Perspektive verändert alles.«

»Ich danke dir.«

»Gern. Wenn du Fragen hast, ich bin jederzeit für dich da – für jeden von euch. Habt den Mut, mich zu fragen. Fragt mit eurem Herzen, und ich werde euch antworten. Und seid geduldig mit euch selbst. Denn wenn ihr lange Zeit nicht auf euer Herz gehört habt, braucht es ein wenig Übung, bis ihr die Stimme eures Herzens wieder vernehmen könnt. Über das Herz kommuniziere ich mit euch. Und es ist wahr: Ich bin für *jeden* von euch da – immer und ohne Ausnahme. Denn ich liebe euch mehr, als ihr es euch je vorzustellen vermögt.«

»Das tut gut.«

»Es ist die Wahrheit.«

Mit Gott zu sprechen war großartig, und was er sagte, berührte mich zutiefst. Nicht selten überstiegen seine Worte mein Fassungsvermögen, doch sie brachten eine Saite in mir zum Klingen, die verstummt gewesen war.

Stets betonte Gott: *Es gibt nichts, wo ich nicht bin.* So lehrte er mich, selbst in den Dingen, die ich bisher gemieden hatte, die

Schönheit zu erkennen. Und das war jedes Mal ein außerordentliches, wahrhaft göttliches Geschenk. Schritt für Schritt leitete er mich an, auf eine andere Weise zu sehen, zu empfinden, zu denken und zu lieben. Das veränderte meine Erfahrung der Welt auf großartige Weise.

Im Lauf der Zeit nutzte er alle möglichen Wege zur Kontaktaufnahme – Worte, Bilder, Eingebungen, Wassertropfen, Grashalme, Zigarettenstummel, Wolken, Vögel, Tiere, Blicke, Filme und Begegnungen. Zuweilen diskutierten wir über aktuelle Probleme oder konkrete Fragen, die mich beschäftigten.

Zutiefst berührend waren die Momente, in denen er mich direkt durch die Augen eines anderen Menschen ansah. Es ist kaum möglich, diese Wirkung mit Worten zu beschreiben, weil er die unglaubliche Gabe hat, einen mitten ins Herz zu treffen. Und wenn das geschieht, ist es so erschütternd und herrlich, dass einem die Worte fehlen.

25

Freiheit

Die Existenz einer Hölle? Nein, daran glaubte ich nicht. Allerdings schlummerte diese seit Generationen im christlichen Kulturkreis gehegte Vorstellung durchaus noch im kollektiven und damit auch in meinem Unterbewusstsein. Zeit für Klarheit …

»Gibt es so etwas wie eine Hölle, in der man nach dem Tod landen kann?«

»Was glaubst du?«, wollte Gott wissen.

»Eigentlich glaube ich nicht daran, aber irgendwo in meinem Kopf spukt noch dieses kollektive Bild herum …«

»Ihr habt es selbst erschaffen«, erwiderte Gott. »Es stammt nicht von mir. Es stammt von Menschen oder Institutionen, die die Religion dazu missbraucht haben, Macht auszuüben, Angst zu erzeugen und Menschen zu kontrollieren. Dieses System hat über sehr lange Zeit gut funktioniert. Doch darüber habt ihr vergessen, auf euer Herz zu hören. Stattdessen habt ihr auf das gehört, was die Institution euch sagte – die Kirche, Priester, Schamanen – oder wer auch immer meinen Namen missbrauchte, um Macht auszuüben.

So seid ihr immer tiefer in das Konzept der Dualität verstrickt worden, immer tiefer in die Getrenntheit geraten und in all das Leid, das damit verbunden ist. Das Sehen und Fühlen des Wahren blieb lange Zeit nur exklusiven Kreisen vorbehalten, darunter solche, die es nicht mit anderen teilten, um ihre Machtposition zu behalten. Natürlich gab es auch andere, die die Menschen darin unterstützten, das Wahre selbst zu erkennen …«

»… so wie Jesus …«

»… und noch viele andere mehr. Doch sie blieben oft ungehört. Angst ist ein mächtiger Kontrollfaktor. Und jeder, der sich aufmacht, den Menschen die Angst zu nehmen, ist ein bedrohlicher Faktor für kontrollausübende Instanzen.«

»So war es ja lange. Also zurück zur Hölle. Du willst also sagen, die Hölle ist eine Lüge? Es gibt sie gar nicht?«

»Du hast es erfasst. Es ist ein von euch erschaffenes Konzept. Wenn du dein Herz fragst: Glaubt dein Herz an die Hölle?«

»Moment … Nein. Es fühlt Geborgenheit, Liebe und Frieden. Da ist kein Platz für die Hölle.« Ich hatte die klare Empfindung, als würde die Hölle weit vom ›Planeten Herz‹ entfernt auf einem anderen Planeten namens ›Verstand‹ geboren, und dazwischen lagen Welten.

»Du hast es erfasst. Deshalb betone ich immer wieder: Öffnet euer Herz, lasst euch im Herzen berühren, denn allein das Herz vermag die Wahrheit zu erkennen. Und in dem Moment sind alle Fragen verschwunden – bleibt ein Zutiefst-in-dir-selbst-Ruhen.«

»Also können wir uns von dem Konzept der Hölle befreien, indem wir der Wahrheit unseres Herzens folgen?«

»Auf diese Weise könnt ihr all eure Konzepte überwinden. Das Herz hat keine Konzepte. Es ist frei von allen Konzepten und begegnet dem Sein vorurteilslos, erwartungsfrei und offen. Deshalb fühlt es sich für euch so erleichternd an, die Welt durch die Augen des Herzens wahrzunehmen. Weil ihr dann die Wahrheit seht, fühlt, erkennt und mit einem Schlag all die belastenden, trennenden und begrenzenden Konzepte über euch selbst und über die Welt verliert. Dann seid ihr frei, spürt eure wahre Schönheit und Größe. Eure Seele lacht, und ihr erkennt die Wahrheit in allem, was euch umgibt. Das ist wahre Freiheit – die Freiheit des Herzens.«

»Das klingt großartig.«

»Es ist großartig. Probiert aus, ob und wie es euer Leben verändert, wenn ihr euch dafür entscheidet, die Welt und euch selbst mit dem Herzen wahrzunehmen. Seht es als ein Spiel an. Fühlt, inwieweit es euch befriedigt, nährt und glücklich macht, auf der Ebene des Herzens zu sein.

So erschafft ihr eure eigene Erfahrung von Wahrheit und werdet unabhängig davon, was andere sagen, weil ihr selbst wisst – ein Wissen des Herzens, nicht des Verstandes. Erfahrt es selbst. Das wird euch große Freiheit schenken.«

›Herz‹ bezog sich weder auf bestimmte Gefühle, noch auf ein bestimmtes Energiezentrum, sondern auf unser größeres Sein, das stets gegenwärtig ist – jenseits des Verstandes und jenseits der Dualität. Dieses größere Sein, die Quelle größter Weisheit und tiefsten Friedens, wird erfahrbar, indem wir unsere Aufmerksamkeit nach innen wenden.

26
Nicht schuldig

Zuweilen war bei unseren Gesprächen der innere Impuls da, Gott bestimmte Fragen zu stellen, die nicht meine persönlichen waren, sondern aus dem Kollektiv stammten und von denen ich intuitiv wusste, dass ihre Beantwortung anderen Menschen helfen würde. Eine dieser Fragen betraf die Erbsünde. Das war schon eine merkwürdige Sache. Schließlich hatte das Konzept der Erbsünde, gewürzt mit einer Prise Verdammnis und der Idee einer Hölle, dazu beigetragen, uns zunehmend von der Erfahrung eines liebenden Gottes zu entfremden. Auch die Idee von Schuld war als Folge der Erbsünde noch immer tief im christlichen Kollektiv verankert.

Andere Kulturen pflegten dagegen ganz andere Sichtweisen. Fasziniert lauschte ich eines Tages, als ein jüdischer Rabbiner in einem Interview erwähnte, in ihrem Glauben würde die Idee, dass die Menschen gerettet oder erlöst werden müssten, schlichtweg nicht existieren, da es keine Erbsünde gebe. Er würde stattdessen daran glauben, dass das Leben ein Geschenk sei und dass wir auf der Welt seien, um das Beste aus unserem Leben zu machen. Gott habe uns geschaffen, damit wir glücklich sind.

Das war allerdings ein deutlicher Kontrast der Sichtweisen. Welche Ansicht stimmte nun?

»Sind wir schuldig oder schlecht, weil wir uns von dir getrennt haben?«, fragte ich Gott, auf das Konzept der Vertreibung aus dem Paradies anspielend.

»Ihr seid niemals wirklich von mir getrennt«, antwortete Gott. »Ihr seid meine geliebten Kinder. Es war eure und meine Entscheidung, als ihr die Erscheinungsweise der Form wähltet [Anmerkung: die körperliche Inkarnation]. Und da wir eins waren und noch sind – auch wenn es in der physischen Realität, wo ihr euch aufhaltet, nicht so scheint –, war diese Entscheidung in sich vollkommen. Wie könnte es eine Sünde sein? Es gibt keine Trennung von mir, von Gott – alles war und ist immer eins und wird es immer sein.

Wenn man überhaupt von ›Sünde‹ sprechen will, dann könnte man als Sünde bezeichnen, weiterhin an die Getrenntheit von Gott zu glauben – an einen Gott ›da draußen‹, der unerreichbar fern von euch ist, den ihr nie erreichen könnt, so sehr ihr euch auch anstrengt. Denn wie könnt ihr etwas erreichen, was so weit von euch entfernt scheint?

Gebt diesen Gedanken auf, dass ihr von mir getrennt seid. Das ist der größte Irrtum, und er hat bereits unendlich viel Schmerz und Leid verursacht. Werft diesen Irrglauben auf den Scheiterhaufen, und öffnet euch dafür, mir zu begegnen. Denn es gibt nichts, wo ich nicht bin: In dir selbst, in den Mitmenschen, im Wind, in der Sonne, in den Bäumen, den Blumen und Tieren begegne ich euch. Jeden Moment warte ich darauf, euch zu umarmen. Doch es liegt an euch, ob ihr diese Begegnung wünscht, ob ihr das Geschenk dieser Begegnung annehmen möchtet.

Um auf deine ursprüngliche Frage zurückzukommen: Nein, ihr seid nicht schuldig. Ihr seid meine geliebten Kinder, und ich freue mich über jeden, der mich wiederentdeckt. Es ist viel einfacher, als ihr denkt. Sucht mich nicht ›da draußen‹ oder nur in der Kirche. Natürlich könnt ihr in die Kirche gehen, wenn es euch gefällt. Doch ich bin überall.

Wendet euch eurem Inneren zu und beginnt, mit dem Herzen zu sehen. Das Herz hat die Fähigkeit, Verborgenes zu sehen, das sich dem Verstand, dem Intellekt verschließt. Der Intellekt kann Gott nicht erfassen, das Herz sehr wohl. Es hat die Fähigkeit, mich in allem wiederzuerkennen. Wenn dies geschieht, jubelt die Seele, dann seid ihr heimgekehrt.

Die Freude, die daraus entsteht, habt ihr als das Paradies bezeichnet. Es ist nichts weiter als die Einheit mit Gott – die End-station jeder Reise einer Seele – und bedeutet höchste Erfüllung und Seligkeit. Dagegen verblassen alle Genüsse des weltlichen Da-seins, so bedeutsam und intensiv ist diese Erfahrung für die Seele. Nicht, dass die Welt schlecht wäre, schließlich ist sie ja meine Schöpfung. Ich sage dies nur, um euch auf die Bedeutsamkeit der inneren Reise hinzuweisen – die Reise der Seele zu Gott.«

»Und diese Sehnsucht trägt jeder in sich?«

»Absolut. Allerdings erinnert sich nicht jeder im Lauf seines Lebens daran. Manche sind auch mehr oder weniger erfolgreich damit beschäftigt, sie zu verdrängen. Doch das kostet Kraft.

Im Lauf der Jahrhunderte, Jahrtausende hat sich eine Menge Irrglauben über mich und meine Liebe zu euch angesammelt. Das mag der Grund sein, warum es vielen Menschen schwerfällt, über-haupt nur an Gott zu denken, so verzerrt ist das Bild.«

»Bei mir war es ja nicht anders. Ich habe gut zwanzig Jahre ge-braucht, um das Bild für mich zu entzerren und wieder Zugang zu dir zu finden.«

»Aber du hast es geschafft. Um euch aus dem Irrglauben und den damit verbundenen Verstrickungen zu lösen, wäre es das Ein-fachste, wenn ihr euch wieder auf das große Sein besinnt. Dort werde ich euch begegnen. Es ist viel einfacher, als ihr denkt. Und noch einmal: Ihr seid nicht schuldig. *Vergesst die Erbsünde.* Es hält euch in einem tragischen Irrtum fest. Vertraut auf euer Herz. Dort begegne ich euch, und dort seht ihr die Wahrheit, die Realität, wie sie wirklich ist. Hast du dies verstanden?«

»Ja. Ich danke dir sehr. Was du gesagt hast, ist eine ungeheure Erleichterung.«

»Es ist die Wahrheit. Ihr seid meine geliebten Kinder. Vergesst das nie. Seid offen für eine Begegnung mit mir. Öffnet euer Herz dem Leben, und ihr werdet mich finden.«

27

Gott tanzt

»Ich habe bereits so wundervolle Erfahrungen des Einsseins und der Unendlichkeit gemacht – wieso leide ich dann trotzdem noch?«, beschwerte ich mich eines Tages bei Gott. Denn irgendwann nach einem erhebenden Einheitserlebnis oder einem wundervollen Gespräch mit ihm fiel ich wieder in das kleine, begrenzte Ich zurück, und das Wahre lag wieder wie hinter einem Nebel versteckt.

»Wer ist es, der leidet?«, fragte Gott ruhig.

»Das Ego, vermute ich.«

»Richtig. Das, was abgespalten ist. Die Einheit leidet nicht.«

»Aber wieso tappe ich dann immer wieder – eigentlich die meiste Zeit – in die Falle des Egos, obwohl ich weiß und erfahren habe, dass die Wahrheit eine ganz andere ist, nämlich die des Einsseins?« Zumindest hatte ich das Gefühl, bereits davon gekostet zu haben.

Eine ganze Weile hatte ich geglaubt, wenn man mit Gott spricht, müssten sich alle Probleme in Luft auflösen und ich würde auf einer Wolke der Glückseligkeit dahinschweben. Das war jedoch nicht der Fall. Vielmehr halfen mir die Gespräche mit ihm, das Leben aus einer umfassenderen Perspektive zu betrachten und mich so Schritt für Schritt einem *inneren* Ort des Friedens zu nähern. Auf dem Weg dorthin galt es immer wieder, herausfordernde Prüfungen zu bestehen, Konzepte zu überprüfen, loszulassen und vor allem, Vertrauen zu entwickeln.

»Sei geduldig, geliebte Tochter, deine Reise hat begonnen. Vertraue. Das ist etwas, was dir schwerfällt, du bist ungeduldig. Sieh, was du bereits erreicht hast.«

»Ich fühle mich nicht besonders glücklich ...«

»*Wer* fühlt sich nicht glücklich?«

»Ah ... Ich verstehe. Ich bin mal wieder in die Falle der Identifikation mit dem Ego getappt, nicht wahr?« Dies zu erkennen verursachte augenblicklich eine Loslösung von dem Gefühl.

»Ja, und das erzeugt Schmerz. Je mehr Widerstand in dir herrscht gegen das, was ist, desto größer der resultierende Schmerz.«

»Und wie kommt man aus dieser Falle wieder heraus?«

»Durch vorurteilsloses Sehen dessen, was ist. Neutrales Sehen, ohne zu urteilen. Das macht ihr selten. Meist wollt ihr die Dinge anders haben, als sie sind. Dann seid ihr im Widerstand gegenüber der Realität und kämpft gegen das, was ist. So werdet ihr blind gegenüber den Segnungen und der Schönheit, die ich jeden Tag für euch bereithalte. Und ihr werdet verbittert, weil ihr die Schönheit nicht mehr wahrnehmt.«

»Wenn ich bemerke, dass ich bereits im Egobewusstsein verstrickt bin und deshalb leide – was mache ich dann?«

»In deinem Fall wirkt am besten, dich von der Schönheit der Natur berühren zu lassen oder von meinen Botschaftern – wie jenes Kind, das ich dir vorhin gesandt habe.«

Tatsächlich war mir unmittelbar vor unserem Gespräch ein Kind begegnet, das mich mit strahlendem Gesicht anlachte, aus dem die Freude wie Funken sprühte, und in dem Moment war etwas von dieser Freude und Offenheit auf mich übergesprungen.

»Sich öffnen heißt, sich ganz in den Moment hineinzubegeben«, fuhr Gott fort, »alle Illusionen, Gedanken, Gefühle des kleinen Selbst fallenzulassen und sich diesem Moment zu öffnen. Stillstand der Gedanken, Stille in dir – dann ist wahres Sehen möglich. Du hast dies bereits erfahren.«

»Stimmt.« In gesegneten Momenten der inneren Stille hatte ich stets großen Frieden verspürt.

»Dann wende es auch an, wenn sich die Gedanken wieder einmal überschlagen. Erinnerst du dich an das Bild mit der Spurrille, das ich dir geschickt habe?«

»Das war von dir?!«

»Von wem sonst? Es war eine wichtige Erkenntnis, und sie hat dich ein gutes Stück vorangebracht. Erinnere dich an dieses Bild, um die Realitätsebene des Denkens zu begreifen, und dann begib dich wieder in dein Herz, wo du die Verbindung mit allem Sein spürst. Von dort, vom Herzen aus, ›sieh‹, ›denke‹ und ›handle‹. Auf diese Weise nähert ihr euch immer mehr eurem wahren Potenzial.«

Mir kam ein einfaches Gebet in den Sinn, das ich in der Vergangenheit benutzt hatte, um mich auf die Ebene des Einsseins einzustimmen:

»Heiliger Geist, bitte heile jede Spaltung in mir.«

Mit diesem und ähnlichen Gebeten hatte ich sehr kraftvolle Erfahrungen gemacht, sofern sie wirklich aus tiefstem Herzen gesprochen werden. Je größer die Sehnsucht, je klarer die Absicht, desto größer die Wirkung.

»Das ist ein sehr gutes Gebet«, kommentierte Gott. »Klopft, und euch wird aufgetan. Wenn ihr anklopft in Form eines solchen Gebets, und ihr meint es ehrlich, wollt es wirklich zutiefst, dann kann der Heilige Geist, die göttliche Energie oder die Gnade, wie du es manchmal nennst, in euch hineinströmen und in Einklang bringen, was aus dem Lot geraten ist. Die Absicht lenkt die Energie. Ihr seid kraftvolle Schöpfer. Wenn ihr eine Absicht kundtut, fließt Energie und die Materie beginnt, sich entsprechend dieser Absicht zu ordnen. Die Absicht erschafft Leitbahnen, auf denen sich die Materie ordnend zu dir hin bewegt – oder von dir fort, je nachdem, wie deine Absicht lautet.«

»Und wenn wir in Schmerz oder Widerstand gefangen sind, ist unsere Fähigkeit blockiert, das erschaffen zu können, was uns glücklich macht.«

»Richtig. Deshalb ist es wichtig, für freudvolle Erfahrungen zu sorgen, die euch helfen, das Sein wieder aus einer größeren Perspektive zu betrachten. Die Natur ist dabei ein wunderbarer Partner, ebenso wie Tiere und alles, was euch Freude bereitet. Denn es ist wahr: *Gott tanzt, Gott lacht, Gott spielt.* Gott tanzt in den Wolken, lächelt in den Blumen, lacht in den Augen eines Kindes. Es gibt nichts, wo ich nicht bin – wie solltet ihr euch da jemals allein fühlen? Das ist nicht möglich, solange ihr die Welt aus dem Herzen wahrnehmt, statt durch die Augen des wertenden, trennenden, urteilenden und Leid erschaffenden Verstandes.«

»Meinst du wirklich Verstand?«

»Wir sprechen hier vom Ego, das glaubt, allein und getrennt von allem anderen zu existieren. Wenn du das Ego erkennst als das, was es wirklich ist – eine Illusion –, hat es seine Macht verloren. Es mag zwar weiterhin versuchen, seine Spielchen zu spielen, doch dann fallt ihr nicht mehr darauf herein. Ihr beobachtet dann aus einer höheren Perspektive das Ego, die Gefühle und Gedanken, die es produziert, ohne das Ego zu sein. Stattdessen ruht ihr in Allem-was-ist, seid eins mit Allem-was-ist, und tretet als Spieler, als wachbewusste Schöpfer auf. Wenn ihr jenseits der Illusion des Egos gelangt seid, dann seid ihr wahre Meister.

Das Ego, das kleine Ich, ist eine Scheinidentität, resultierend aus der Abspaltung von der gefühlten Verbindung mit Allem-was-ist. Wenn ihr wieder in der Einheit seid, von der Einheit aus fühlt, denkt und handelt, ist das Ego bedeutungslos.«

»Können wir ohne Ego noch denken? Funktioniert unser Verstand dann noch so, wie wir es im Alltag brauchen?«

»Aber ja, ihr werdet dann wunderbar denken, handeln und leben können, weil ihr nicht mehr durch schmerzhafte Illusionen blockiert seid. Es wird euch erscheinen wie das Paradies auf Erden, und – ja – es ist das Paradies. Ein Leben in der Einheit mit Allem-was-ist ist die Grundsehnsucht aller Menschen. Das, was ihr Hölle nennt oder die Vertreibung aus dem Paradies, ist die Erfahrung der Getrenntheit von Gott und von der gesamten Schöpfung.

Das Herz ist der Schlüssel zur Einheit, und wie du richtig vermutet hast, kann kein noch so ausgefeilter philosophischer Exkurs dich dorthin bringen. Denn das Denken kann nicht zum Zentrum des Seins vorstoßen. Der Verstand kann die Wahrheit nicht erkennen. Was du mit dem Verstand siehst oder analysierst, kann also, auch bei den eindrücklichsten Philosophien, höchstens eine Annäherung an die Wahrheit sein.

Die Wahrheit selbst kann nur erfahren werden, wenn der Verstand schweigt. Dies geschieht, wenn ihr vollkommen gegenwärtig seid – bei einem langen Blick in die Augen eines geliebten Menschen, beim Singen eines Liedes, das euer Herz berührt, oder wenn ihr vollkommen in die Betrachtung von etwas sehr Schönem versunken seid. Wenn ihr ganz aufgeht in dem, was ist, wenn ihr als ›Ich‹ verschwindet, dann erfahrt ihr Einheit.«

»Warum vergeht dieses Einssein wieder?«

»Es vergeht, weil ihr wieder anfangt zu denken. Der Verstand ist seiner Natur nach ein duales Werkzeug, er beurteilt, wertet, kategorisiert und vergleicht. Für die Ablage und den Zugriff auf Wissen ist das nützlich, wie eine gut verwaltete Bibliothek. Der Verstand ist Teil deiner Existenz hier in dieser Welt, und auf seine Weise dient er dir. Er ermöglicht dir, Projekte und Ideen in die Tat umzusetzen. Denn genau dafür ist der Verstand mit seiner gesammelten Erfahrung nützlich.

Für das Erfahren der lebendigen Essenz, des verbindenden Geistes in allem – für diese Erfahrung ist der Verstand jedoch völlig ungeeignet, so wie ein Auto ungeeignet ist, um auf dem Wasser zu fahren.

Die Erfahrung des Einsseins mit Allem-was-ist bleibt dem Herzen vorbehalten. Die Fähigkeit, das Göttliche in allem zu sehen, selbst in einem zerlumpten Bettler am Straßenrand oder in einem provokativ gekleideten Teenager, ist eine Fähigkeit des Herzens, die dann erscheint, wenn ein Mensch dafür bereit ist.«

Es existierte also ein tieferes Wissen, das allein dem Herzen vorbehalten ist. Der Ego-Verstand dagegen ist der Aspekt in uns, der Gott, das All-Eine nicht erkennen kann und deshalb ein Getrenntsein von Gott erfährt, während unser Innerstes stets mit dem Göttlichen verbunden ist. Das Ego ist wie eine Wolkenzone, die das Licht der Sonne verdeckt.

Indem wir jedoch die Perspektive wechseln und uns dem größeren Selbst zuwenden, das im Inneren verborgen ist, wird es möglich, die begrenzte Sichtweise des Ego zu verlassen und eine weit umfassendere Erfahrung des Lebens zu machen.

In dem Moment, da wir uns aufrichtig dem All-Einen zuwenden, kann eine größere, heilige Kraft zu wirken beginnen und die Wolken auflösen. Dann erkennt der Mensch das klare Licht der Quelle und spiegelt es wider.

28
Zurück ins Zentrum

»Wieso erfahren wir solche Gefühle wie Angst, Ärger und Wut? Wieso existieren sie überhaupt?«, wollte ich eines Vormittags von Gott wissen.

»Es sind Gefühle der Getrenntheit«, antwortete er. »In jenen Momenten trennt ihr euch von mir. Dann könnt ihr mich nicht mehr fühlen und werdet noch ärgerlicher, wütender, verbitterter oder ängstlicher und glaubt, die ganze Welt hätte sich gegen euch verschworen ...«

»Was können wir in solchen Momenten tun? Ich meine, wenn wir richtig ärgerlich oder traurig sind, so sehr, dass wir die Schönheit der Welt nicht mehr sehen *wollen*?«

»Nun, dann warte ich, bis ihr den Kopf wieder aus dem Sand nehmt, bis ihr wieder bereit seid, die Geschenke anzunehmen, die ich Tag für Tag für euch bereithalte. Ich sehe, wie ihr euch in eurem Schmerz, in eurem Kummer, in eurem Zorn vergrabt, und bin bereit, mit euch zu sprechen, sobald ihr euch dafür öffnet. Meine Geduld ist unbegrenzt, und ich warte jeden Tag, bereit, euch zu umarmen.«

»Das sind wunderbare metaphysische Gedanken und Einsichten, und ich bin dir wirklich dankbar dafür. Doch wie sieht es mit meinem ganz normalen Leben aus? Wie kann ich das in Ordnung bringen?« Seit mehr als einem Jahr war ich krank und lebte ohne Arbeit und ohne Einkommen in einem zugigen Zimmer. Das Leben sah nicht gerade rosig aus, und eine Änderung schien nicht in Sicht.

»Deine Gefühle – ist das nicht dein Leben? Wenn du in dir

Gefühle der Harmonie, der Freude und des Friedens hegst, wird sich auch das Außen entsprechend ändern und neu fügen. Du weißt es doch.«

Intellektuell wusste ich das zwar, doch die praktische Umsetzung gelang mir nicht. Vom Gefühl der Freude war ich oft meilenweit entfernt, und in Momenten der Verzweiflung schien es mir nahezu aussichtslos, zum Gefühl der Freude zu gelangen.

»Also gut: Wieso habe ich mich immer wieder in unangenehme Situationen manövriert?« Denn wenn ich seine Erklärungen richtig verstanden hatte, hatten meine Emotionen die gegenwärtige schwierige Situation mit verursacht oder trugen zumindest dazu bei, sie aufrechtzuerhalten.

»Aus Angst«, erwiderte Gott. »Je größer die Macht des Verstandes, desto größer die Angst. Das Herz, euer wahres Selbst, kennt keine Angst. Wann wirst du endlich bereit sein, deinem Herzen zu folgen?! All deine letzten Entscheidungen resultierten aus Angst. Nicht eine war dabei, die du aus Freude getroffen hast.«

Ich schluckte. Wenn ich ehrlich zurückblickte, stimmte es natürlich. Irgendwann hatte sich die Angst in mein Leben eingeschlichen und zu einer Reihe von Fehlentscheidungen geführt. Das wiederum hatte eine Kette unangenehmer Ereignisse nach sich gezogen. Die Angst schien sich zu potenzieren, je mehr ich ihr folgte.

»Die meisten Menschen – viele zumindest – handeln getrieben von Angst«, bemerkte Gott. »Aus Angst, eure Arbeitsstelle zu verlieren, aus Angst, den Partner zu verlieren, aus Angst, ihr könntet falsch verstanden werden, sagt ihr nicht, was ihr fühlt und was euch bewegt. Aus Angst, ihr könntet es nicht schaffen, fangt ihr gute Projekte gar nicht erst an.« Seine Stimme hatte nun einen mahnenden Klang.

»Also gut: Wie kann ich die Angst überwinden?«

»Folge deinem Herzen. Euer Verstand ist sehr machtvoll, er versucht, euch in der Angst zu halten, um euch so zu kontrollieren. Traut ihm nicht. Traut eurem Herzen, eurem innersten Gefühl, eurer Intuition.

Die Angst hält euch in einem Klammergriff und führt euch auf die falsche Fährte. Um dem zu entgehen, könntet ihr euch prüfen: *Handle ich gerade aus Angst? Was möchte ich wirklich, aus tiefstem Herzen?* Dann lauscht auf die Antwort und setzt sie um, aus der Besonnenheit und inneren Stärke heraus, die ihr habt, wenn ihr im Herzen zentriert seid.

Angst ist ein schlechter Ratgeber. Sie ist nur in sehr wenigen Situationen, mit Ausnahme lebensbedrohlicher, angebracht. Sonst stiftet sie Unfrieden, Aufruhr und Chaos.«

»Und wie können wir aus diesem Muster ausbrechen? Kannst du mir etwas Konkretes an die Hand geben, was *wirklich* funktioniert?«

»Jede Handlung, die aus Angst erfolgt, hat unangenehme Konsequenzen. Jede aus Angst getroffene Entscheidung vergrößert deine Angst. Jede Handlung, die aus Freude erfolgt, bringt angenehme Konsequenzen. Was ist die Quelle der Angst?«

»Der Verstand, das Ego.«

»Was ist die Quelle der Freude?«

»Das Herz.«

»Folge der Freude. Folge deinem Herzen. Das wird dir helfen.«

»Sonst nichts?«

»Das genügt, wenn du es wirklich befolgst. Das Herz führt dich zu den Geschenken, die das Leben für dich bereithält. Entscheide dich dafür, kompromisslos deinem Herzen zu vertrauen und zu folgen, egal, was dein Verstand dazu sagt. Dann kommst du in eine andere Frequenz, und dies zieht andere Möglichkeiten an.«

Das Vertrauen, von dem er sprach, bezog sich nicht auf ein blindes, alle Gefahren ignorierendes Verhalten, sondern bedeutete ein grundsätzliches Urvertrauen in das Leben an sich und in die göttliche Führung. Dieses Vertrauen wächst, je mehr man den Impulsen der inneren, göttlichen Führung folgt.

»Vertrauen ordnet die Materie so, dass diesem Vertrauen entsprochen wird«, fuhr Gott fort. »Es geht immer darum, was du tief in dir fühlst – Vertrauen oder Angst. Alle deine Entscheidungen, all deine Handlungen hängen davon ab.«

»Und wenn die Angst uns schon gepackt und mit ihren Argumenten eingewickelt hat? Was können wir dann tun?« Emotionen können eine starke Eigendynamik entfalten, und eine der intensivsten menschlichen Emotionen ist Angst.

»Wenn Angst da ist, versucht nicht, die Angst zu verdrängen«, erwiderte Gott. »Lasst sie da sein, nehmt sie wahr, und entspannt euch. Sie kann euch nicht verschlingen.

Atme tief. Beobachte die Angst und wisse, dass du währenddessen etwas Größeres bist, das auf diese Angst schauen kann. Probiere es aus. Diese größere Dimension deines Seins ist immer da, selbst im größten Schmerz, selbst in der tiefsten Angst. Und dieses größere Sein ist frei von Schmerz und Angst.*

In dem Moment, wo du aus dieser angstfreien Dimension deines größeren Selbst auf die Emotion blickst, löst sich der Klammergriff, löst sich die Identifizierung. Dann entsteht Mitgefühl mit dir selbst. Angst und Wahrheit können nicht gleichzeitig existieren. Das ist unmöglich.

Es ist eine Frage der Bewusstheit, worauf du deine Aufmerksamkeit richtest. Die größere Dimension deines Seins – das Herz – ist immer da, ewig, unendlich und frei.

Entthront die Angst, setzt das Herz auf den Thron, und folgt seinen Anweisungen. Und ihr werdet Wunder erleben.«

»Wie kann ich mehr Vertrauen in deine Führung ›herbeizaubern‹, wenn ich es zwar gern hätte, aber gerade nicht fühle? Wie kann ich dann ins Vertrauen gelangen?« Nicht immer spürte ich Seine Nähe, und dann überkamen mich manchmal Zweifel.

»Achte auf die kleinen Zeichen, die ich dir täglich sende. Achte darauf, wie ich mit dir kommuniziere: über Botschaften, die dir andere Menschen schicken – genau zum richtigen Zeitpunkt, nicht wahr? –, über Sätze, die du in Büchern findest, über Gedanken, die ich dir eingebe, über die Natur. So fokussierst du dich auf diese

---

* siehe Praktische Anleitungen, *Reise in das Innere Herz.*

Führung, und das bringt dich mehr und mehr ins Vertrauen. Praktiziere ständig diese Achtsamkeit, diese Offenheit gegenüber meinen Botschaften, und dein Vertrauen wächst. Vergegenwärtige dir immer wieder, auf welche Art ich dich bereits geführt habe. Auch das stärkt dein Vertrauen. Dann wird die Stimme des Zweifels bald leiser. Vertrauen und Zweifel können nicht gleichzeitig existieren.

Und wisse – zwar benutze ich auch den Verstand, so wie jetzt, um mit dir über Worte zu kommunizieren, aber *vor allem* spreche ich mit euch über euer Gefühl. Das ist mein Hauptkommunikationskanal mit euch, denn so erreiche ich direkt euer Inneres.«

*

Später, in einem weiteren Gespräch, befragte ich Gott zum Umgang mit der Emotion Wut. Er antwortete:

»Erlaube dir ruhig, ärgerlich zu sein. Daran ist nichts Schlimmes, solange andere dabei nicht zu Schaden kommen. Einem kurzfristigen Dampf-Ablassen ist nichts entgegenzusetzen, das ist weit besser, als Ärger oder Wut in sich hineinzufressen. Sogar die Natur – Vulkane! – lässt manchmal Dampf ab. Überdruck muss hinaus, das ist natürlich. Aber achtet darauf, dass dabei niemand zu Schaden kommt, und erlaubt auch euren Kindern, ihrer Wut Luft zu machen. Lehrt sie, dass Wut nichts grundsätzlich Schlechtes ist. Lehrt sie einen konstruktiven Umgang mit Wut.«

»Wie soll man denn damit konstruktiv umgehen? Wenn man wütend ist, denkt oder analysiert man doch nicht, man ist einfach wütend … Du meinst doch sicher nicht, dass man dann seinen Zorn oder seine Wut einfach ausleben soll?«

»Nein, das wäre unbewusstes Handeln, davon spreche ich nicht. Lehrt eure Kinder, zu hinterfragen und genau zu beobachten, was sie so wütend gemacht hat, und ermutigt sie, darüber zu sprechen. So finden Heilung und Wachstum statt.«

»Wie bleibe ich in meinem Zentrum, statt mich in einer Emotion wie Ärger zu verlieren?«

»Zunächst achte auf deine Emotion, in dem Moment, wo sie auftaucht. Beobachte den Ärger, die Wut, die Ohnmacht, die gerade auftauchen will.«

»In Ordnung, und dann?«

»Dann lenke gleichzeitig deine Aufmerksamkeit auf dein Herz. Beobachte die Emotion, atme tief und geh in dein Herz. Das Herz ist das Zentrum. Was wirklich eine Rolle spielt, ist, wie sehr du in dir selbst zentriert bist. Wenn du in dir selbst zentriert bist, und das ist im Grunde dein natürlicher Zustand, dann bringt nichts im Außen dich aus deinem inneren Frieden. Du bist dann nicht lethargisch, sondern einfach nur nicht reaktiv. Du agierst und handelst so, wie es notwendig ist, ohne dich in verwirrenden Emotionen wie Angst, Empörung, Wut, Zorn etc. zu verlieren.«

»In Ordnung. Was kann ich noch tun, um zurückzufinden zur Liebe?«

»Erinnere dich einfach an die Liebe. Lade sie ein, habe den Wunsch, sie zu spüren – und dabei geht es nicht um die Liebe zu einem Partner. Es geht um die Liebe, die in dir ist, unabhängig vom Außen.«

»Wenn ich mich daran erinnere, auch wenn ich sie gerade nicht spüre, genügt das?«

»Der Wunsch, die Liebe in dir zu spüren, bringt etwas in dir zum Schwingen. Deine Zellen erinnern sich … sie fangen an zu vibrieren, deine Absicht genügt. Denke nicht darüber nach, wie es funktioniert, und beobachte auch nicht. Verspüre einfach nur tief in dir den Wunsch, diese Liebe in dir kennenzulernen, und überlass den Rest der Intelligenz deiner Zellen. Es ist wirklich einfach, weit weniger kompliziert, als ihr denkt.«

Im Lauf der Zeit wurde mir bewusst, dass wir sowohl Gefühle der Dualität als auch Gefühle der Einheit erleben, weil wir sowohl auf der Ebene der Dualität als auch auf der Ebene der Einheit existieren. Intellekt und Herz haben unterschiedliche Erfahrungs- und Sichtweisen, und auch das ist in Ordnung.

Während der Verstand für das alltägliche Leben in der Welt unabdingbar ist, birgt das Herz in sich den Zugang zu einer anderen, umfassenderen Ebene.

In dem Moment, wo wir in das allumfassende Sein eintauchen, können wir Stille, Leere oder inneren Frieden erfahren, grundlose Freude, ein allumfassendes Gefühl von Liebe oder einfach nur ein köstliches Gefühl von ›Sein‹.

29
Eure höchste Wahrheit

»Die Botschaften meiner Seele und deine Botschaften – ist da ein Unterschied?«, knüpfte ich an ein vorangegangenes Gespräch an. Ich blickte über den Rasen zu den herrlichen alten Buchen, die in verschwenderischem Grün prangten. Sanft wiegte der Wind die Äste hin und her.

»Die Seelen sind wie Abdrücke im All-Einen, geprägt von vielen Erfahrungen«, antwortete Gott. »Manchmal fließen die göttlichen Impulse durch eine individuell geprägte Seelen- oder Bewusstseinsebene zu euch, weil euch dies ein Gefühl von Vertrautheit vermittelt und euch auf eine bestimmte Weise anspricht. Manchmal fließen sie direkt und ungefiltert aus dem All-Einen in euch, durch spontane Gedanken oder Gefühle – dann habt ihr häufig das Empfinden von Wahrheit, ihr *wisst* einfach, dass es stimmt, ohne dass ihr erklären könnt, warum. Oft sind das erhebende Momente, in denen ihr grundlose Freude oder inneren Frieden empfindet, in denen ihr Einheit spürt oder das Göttliche in allem wahrnehmt.

Geht man über die Seelenebene hinaus, ist da nur ein einziges Bewusstsein. Das vermögen dann Worte nicht mehr zu erfassen oder wiederzugeben. Jedes Wort spiegelt immer nur einen Teil und ist ein schwacher Abglanz, ein Erklärungsversuch für das, was nur erfahren werden kann und jenseits aller Worte liegt.

Alle Erklärungsversuche entstammen dem Verstand. Gott ist für den Verstand nicht fassbar. Deswegen habe ich den goldenen Samen in euer Herz gelegt. Dort ist der Weg, der durch die Schleier der Illusion, die der Verstand erschaffen hat, hindurchführt in die Einheit, in die Wahrheit.«

»Wie sieht es mit Poesie aus?« Auf der ganzen Welt gab es Poesie, die die Erfahrung des Göttlichen widerspiegelte, und dabei dienten Worte als Instrument.

»Poesie will nichts erklären. Sie ist sich selbst genug und ist, ebenso wie Musik, Kunst oder Malerei, in der Lage, euch an euer Herz zu erinnern, euer Herz zum Schwingen zu bringen. Darin liegt ihre Magie. Poesie, Kunst und Musik, die vom Göttlichen inspiriert sind, können euch an den goldenen Samen erinnern, können die Freude eures Herzens wecken. Das ist ihr Geschenk. Worte sind im Fall von Poesie wie Noten, die Saiten in euch zum Klingen bringen. Etwas in euch erinnert sich, beginnt mitzuschwingen, und so reist ihr auf den Flügeln der Worte dem Himmel entgegen, wenn die Poesie die Gotteserfahrung widerspiegelt.«

»Das ist wunderschön.«

»Möchtest du ein Gedicht?«

Ich nickte stumm.

»Fliege dem Himmel entgegen,
jenseits der Worte
dem Klang deines Herzens folgend,
und du landest
in meinen Armen.«

»Wenn ihr im Herzen zentriert seid«, fuhr Gott nach einer Weile fort, »lebt ihr eure höchste Wahrheit, und das ist es, was ich mir für euch wünsche:

Dass ihr eure höchste Wahrheit lebt –
dass ihr euch als das wundervolle,
einzigartige Wesen einbringt und anerkennt,
das ihr seid.

Dass ihr den Mut habt, eure Einzigartigkeit
zu leben, zu lieben und zu schätzen
und dies auch all euren Mitmenschen
zugesteht.

Dass ihr aufhört, euch zu verurteilen –
euch selbst und die anderen.
Dass ihr aufhört, euch zu vergleichen
oder jemand anders sein zu wollen.
Ihr seid nicht vergleichbar.

Wie kann dein Funkeln,
deine Schönheit, deine Besonderheit –
und jeder von euch ist auf seine Weise
besonders, ja außergewöhnlich,
in der Tat gibt es keinen einzigen
gewöhnlichen Menschen! –
in die Welt strahlen,
wenn du dich weigerst,
du selbst zu sein?

Hört auf, jemand anders sein zu wollen, und lasst euch vom Sein umarmen. Das wird euch bereits viel Entspannung verschaffen.«

Sich auf die eigene Einzigartigkeit zu besinnen, würde sicher zum Glücksgefühl des Einzelnen beitragen. Doch auf welche Art sollten wir dann mit Vorbildern umgehen, von inspirierenden Menschen lernen, ohne uns selbst dabei zu verlieren?

»Es bedeutet nicht, dass ihr niemandem nacheifern oder von niemandem lernen dürft«, erklärte Gott. »Aber fragt euch immer und prüft dabei: *Was davon passt zu mir? Was davon bin ich?* Und fragt es nicht den Verstand, fragt euer Herz. Und dann folgt dem, schaut nicht nach links oder nach rechts. Folge deinem Herzen, egal, was andere tun. Das ist übrigens ein Merkmal, das viele erfolgreiche Menschen verbindet. Sie folgen ihren eigenen Träumen, auch wenn die Angst sie immer wieder davon abzuhalten versucht.

Je mehr ihr eure höchste Wahrheit lebt, desto schwächer wird die Angst. Sie kann umso mehr Raum einnehmen, je mehr ihr gegen eure höchste Wahrheit lebt – das, von dem ihr in eurem Herzen wisst, dass es wahr, gut und richtig ist.

Ein Mensch, der aus dem Herzen heraus lebt, wird, seiner inneren Wahrheit folgend, niemals die Schöpfung missachten. Das ist unmöglich, weil er die Einheit mit allem in sich spürt. Auf Kosten anderer seinen Platz zu finden oder sich zu erkämpfen resultiert aus der Denk- und Verhaltensweise eines Menschen, der die Verbindung zu seinem Herzen und damit zum Sein …«

»… und zu dir …«

»… und zu mir verloren hat. Ein Mensch, der aus dem großen Sein heraus lebt, findet auf natürliche Weise seinen Ausdruck, seinen Platz, ohne anderen dabei zu schaden. Das ist das natürliche Verhalten eines Menschen, der in der Einheit zu Hause ist.«

*

Eines Abends, in einem stillen Augenblick fragte ich Gott: »Wer bin ich?«

Und die Antwort war: »Der Atem Gottes.«

»Ist das nicht ein wenig vermessen?«

»Es wäre vermessen, dies zu leugnen. Es ist derselbe Geist, der in dir ist und in allem anderen. Derselbe Geist, der durch dich ein- und ausatmet, atmet in den Milliarden anderen Geschöpfen. Es ist eins – ein Atemzug in milliardenfacher Ausführung. Das Äußere ist nur das Spiel der Form. Es ist das Atmen des Einen Geistes, der alles Leben und alle Formen aufrechterhält, neu zusammenfügt und variiert.

Verblendung entsteht, wenn die Form – der Mensch – die Quelle leugnet, aus der er stammt und glaubt, er sei getrennt von allem. Weil er die Verbindung zur Quelle verloren hat, muss er sich sehr anstrengen zu überleben, statt die Energie des natürlichen

Flusses zu nutzen, die vorhanden ist, wenn die Verbindung zur Quelle gelebt wird.

Wenn ihr glaubt, ihr müsstet alles aus eigener Kraft schaffen, statt euch von der Energie und Harmonie des Lebensflusses tragen zu lassen – von der Energie hinter den äußerlich sichtbaren Dingen, von der Energie, die alles miteinander und mit der Quelle verbindet –, dann wird alles sehr anstrengend.

Lernt, wieder die Verbindung mit dem Netz des Lebens zu spüren. Es ist derselbe eine Geist, der in einem Blatt lebt und in deiner Hand, der durch die Augen deiner Mitmenschen oder eines Tieres schaut. Manchmal mag diese Essenz durch Angst, Wut oder andere Gefühle, in die ein Lebewesen verstrickt ist, verschleiert sein. Doch wenn du mit den Augen des Herzens blickst, wirst du den Geist hinter dem Schleier erkennen. Die Liebe durchdringt alle Schleier der Illusion und sieht die Wahrheit, sieht die Essenz. Die Liebe ist der Schlüssel, um jenseits der Illusion zu schauen, um den Kreislauf des Leidens und Leid-Erzeugens zu durchbrechen.«

»Und wie gelange ich in diesen Zustand der Liebe, wenn in mir gerade ein anderes Gefühl vorherrscht?«

»Indem du deine Aufmerksamkeit in dein Inneres, in dein Herz sinken lässt. Du kannst auch üben, mit den Augen des Herzens zu blicken. Dazu brauchst du keine komplizierten Übungen oder Sätze. Allein indem du die Absicht hast, wird es geschehen. Über das Herz siehst du die Schönheit und die Unendlichkeit hinter der Form. Dann schaust du direkt in das Herz Gottes.«

30

Ein Spaziergang im Park

Gibt es einen ewigen Aspekt in uns, der niemals stirbt?

Intellektuell war ich zwar davon überzeugt und betrachtete das körperliche Leben als Teil einer in Wahrheit viel umfassenderen Reise. Auch über Nahtod-Erfahrungen und das wunderbare Licht dabei hatte ich einige Berichte gelesen. Doch trotz allem erkannte ich, dass ich in Wahrheit vor dem Sterben – Angst hatte.

Als ich mir wieder einmal den Kopf darüber zerbrach, wie ich die Angst vor dem Tod überwinden könnte, tauchte mit einem Mal die Eingebung auf: ›Sterben ist auch Gott.‹ Die Gedanken verstummten abrupt, gleichzeitig verspürte ich große Erleichterung, als sei eine Last von mir gewichen.

Sterben als Ausdruck von Gott – so hatte ich es noch nie gesehen. Doch diese Sichtweise hatte etwas Faszinierendes …

»Wollen wir über den Tod sprechen?«, fragte Gott unvermittelt aus der Stille heraus.

Natürlich. Woher hätte diese Eingebung auch sonst stammen sollen.

»Ja. Wohin gehen wir nach dem Tod?«

»In meine Arme. Aber natürlich seid ihr auch in meinen Armen, während ihr am Leben seid. Nur seid ihr oft zu beschäftigt, um das zu bemerken, um es fühlen zu können.«

»Und in deinen Armen, *nach* dem Tod, was machen wir dann?«

»Sein erfahren – in einer anderen Form. Man kann auch ohne Körper am Sein teilhaben, nur geschieht es auf eine andere Weise. Engel etwa sind vielen von euch vertraut. Ihr glaubt an sie, und einige von euch haben direkten Kontakt mit ihnen. Dagegen ermöglicht der menschliche Körper einige sehr spezielle Erfahrungen, die auf der geistigen, körperlosen Ebene so nicht möglich sind.«

»Wenn wir nach dem Tod weiterhin oder ebenso in deinen Armen sind, warum haben wir dann so viel Angst vor dem Sterben?«

»Ihr würdet weit weniger Angst haben – bis hin zu völliger Angstfreiheit –, wenn ihr mich bereits *in eurem Leben* spüren würdet. Ihr würdet euch aufgehoben und geborgen fühlen. Und gleichzeitig wäre in euch ein Wissen um euren unveränderlichen, ewigen Aspekt, den ihr nie verliert, selbst wenn ihr euren Körper verlasst.

Das Sterben wäre mehr ein Gefühl des Hinübergleitens von einem Raum in einen anderen, etwa so, als wenn ihr auf einer festlichen Party voller Menschen wärt – ein sehr schönes Fest. Und nachdem ihr euch genug vergnügt habt, beschließt ihr, den Ballsaal zu verlassen und in einem ruhigen Park unter den Bäumen spazieren zu gehen, wo ihr den Frieden und die Stille genießt. Während ihr dort wandelt, empfindet ihr kein Gefühl von Verlust, nur Frieden.«

»Weil wir freiwillig in den Park gegangen sind. In deinem Bild ist der Festsaal also das Leben, und das Verlassen des Körpers ist der Spaziergang im Park, also der Zustand nach dem Sterben. So wäre es also, wenn wir bereits im Leben in dir verankert sind, oder in deinen Armen, wie du sagst? Habe ich das richtig verstanden?«

»Ja, das ist richtig.«

»Aber wie ist es, wenn jemand unerwartet, gewaltsam aus dem Leben gerissen wird? Solch ein Mensch ist ja gar nicht vorbereitet. Ich habe auch von verirrten Seelen gehört, die nicht wissen, wohin sie gehören – wie sieht es damit aus?«

»Wie ich schon sagte: Wäret ihr bereits im Leben in mir verankert, würde niemand nach dem Tod – sei es gewaltsam und plötzlich oder nach einem längeren Prozess der Krankheit – herumirren. Bei einigen wäre da sicher ein Erstaunen, vielleicht sogar ein vorübergehender Moment des Schocks, doch das würde bald vergehen, wenn ihr die Wahrheit erkennt.«

»Und die wäre?«

»Ihr seid immer in meinen Armen. Der Tod ändert daran überhaupt nichts. Das Leben ermöglicht euch bestimmte, erstaunliche Erfahrungen der Körperlichkeit, doch auch ohne Körper seid ihr weiterhin in meinen Armen.

Und wie du richtig bemerkt hast, seid ihr nach dem Tod keinesfalls allein. Es gibt tatsächlich so etwas wie eine Helfertruppe – ihr nennt sie Engel –, welche die spezielle Aufgabe hat, sich um Neuankömmlinge zu kümmern, abgesehen von euren Verwandten, die bereits auf der anderen Ebene weilen. Ihr werdet liebevoll aufgefangen. Und je offener ihr seid, je offener euer Herz ist, desto leichter wird euch der Übergang fallen.«

»Weil wir dich dann fühlen können?«

»Ja, wie ich bereits sagte, die Fähigkeit, Gott zu fühlen, würde bewirken, dass auf *emotionaler* Ebene« – und hier berücksichtigte er meinen Einwand von starken körperlichen Schmerzen, die manche Menschen durchleiden müssen, bevor sie sterben – »der Übergang in den Tod, in das Dasein ohne Körper, sich so anfühlen würde wie das Abstreifen eines T-Shirts oder eines Kleides. Es wäre kein Drama. Ihr zieht es aus und fertig.«

»Kein Gefühl von Verlust?«

»Nein. Ein Ruhen in dem tieferen Wissen, dass alles in Ordnung ist, wie es ist, bei manchen sogar die Freude heimzukommen. Doch ihr müsst keinesfalls sterben, um dieses Gefühl von ›Heimkommen‹ zu erleben. Ihr könnt es bereits im Leben erfahren. Dann hat es eine andere Qualität, weil die Endgültigkeit fehlt, die mit dem Ablegen des Körpers verbunden ist. Das Gefühl des Heimkommens könnt ihr jedoch vollständig erfahren, während ihr noch lebt.«

»Wie können wir das entdecken?«

»Indem ihr euch dafür öffnet, mir in allem zu begegnen, was euch begegnet, indem ihr zulasst, dass ich euer Herz berühre. Es hat die Fähigkeit, die Wahrheit zu erkennen. Wenn ihr euer Herz ganz und gar die Regie führen lassen würdet, dann würdet ihr euch nie wieder allein fühlen, weder im Leben noch danach.«

»Weil wir dich – deine, hm, Umarmung – immer fühlen würden?«

»Richtig. Indem ihr beginnt, euch in eurem eigenen Rhythmus für eine größere Wahrheit zu öffnen, etwa während ihr an einem schönen Ort die Natur genießt, während ihr Hand in Hand mit einem geliebten Menschen spazieren geht oder morgens neben einem solchen Wunder aufwacht – ein Mensch an eurer Seite, der euch liebt, den ihr liebt –, werdet ihr mich mehr und mehr wahrnehmen können.

Und je mehr ihr mich – oder diejenigen, die den Begriff ›Gott‹ nicht sonderlich mögen, könnten auch sagen: die universelle Wahrheit, das verbindende Feld, das All-Eine – wahrnehmt, desto mehr wird eure Angst vor dem Sterben verschwinden. Je mehr ihr zulasst, dass das Göttliche euer Herz berührt – und die Auslöser können vielfältig sein: der Blick eines Menschen, der Anblick zauberhafter Natur, ein Musikstück –, desto mehr werdet ihr die Angst vor dem Tod verlieren, weil sich eure Perspektive erweitert hat.«

»Weil wir dann über das Körperliche hinaus sehen.«

»Richtig. Dann könnt ihr entspannter durchs Leben gehen, weniger ängstlich, könnt dem Leben mit offenen Armen begegnen und die Geschenke annehmen, die es bietet. Hast du noch Fragen dazu?«

»Moment … Also für alle Arten des Sterbens, das unerwartete und das ›planmäßige‹ Sterben im Alter, wäre die beste Vorbereitung, bereits während des Lebens uns dem Herzen zuzuwenden, um dich spüren zu können?«

»So ist es. Ruft mich, und ich werde da sein. Wann immer ein Mensch sich aufrichtig nach mir sehnt, werde ich da sein. Und die Art und Weise, wie das geschieht, kann bei jedem Menschen eine andere sein.« Und verschmitzt ergänzte Gott: »Das ist ein Geheimnis zwischen dem Einzelnen und mir.«

»Wie sollen, wie können wir unsere Kinder vorbereiten und darauf einstimmen, deine Gegenwart zu fühlen, ohne zu indoktrinieren, frei von Belehren, sodass sie ihren ganz eigenen Weg zu dir finden können? Für viele ist Religion oder gar das Wort ›Gott‹ abschreckend.«

»Lehrt sie Achtung, Liebe und Respekt der gesamten Schöpfung gegenüber. Seid selbst in Verbindung mit mir, das ist das beste Beispiel. Lehrt sie und ermutigt sie, auf ihr Herz zu hören. Und ja – ermuntert sie, mit mir zu sprechen, mit Gott zu reden, auf ihre eigene Weise. Lacht sie niemals deshalb aus.

Ein offenes Herz hat die Fähigkeit, das Göttliche zu sehen und zu fühlen, sowohl in der Form als auch jenseits davon. Je mehr dieses Fühlen des Göttlichen vorhanden ist, desto angstfreier geht ein Mensch durchs Leben.

Ermuntert eure Kinder, auf ihr Herz zu hören. Das ist das Wichtigste. Denn über das Herz spreche ich zu euch.«

31
Jenseits aller Konzepte

Seit Langem, vielleicht schon seit Jahrtausenden, folgen wir Menschen der Gewohnheit, alles, was geschieht und existiert, sowohl in unserem persönlichen Leben als auch auf der Welt, in ›Gut‹ und ›Schlecht‹ einzuteilen. Doch entsprach diese Sichtweise wirklich der letzten, ultimativen Wahrheit?

Zweifellos widerfährt uns im Leben Gutes wie auch Schlechtes. Andererseits ahnte ich, dass die Sichtweise von ›Gut‹ und ›Böse‹ nicht die ganze Wahrheit sein konnte. Licht und Dunkel, Gut und Schlecht sind Ausdruck der Dualität. Doch schien es mir *jenseits* der Dualität eine Ebene zu geben, wo sich alle Gegensätze in etwas Vereinendem auflösten – einer Art ›allwissendem Auge‹, das wertfrei liebend das Spiel von Licht und Dunkel betrachtete, dabei alles umfassend in sich barg und doch darüber hinausging.

Auf quantenphysikalischer Ebene besteht alles Existierende in seinem Kern aus Energie. Diese Energie könnte man als den Atem Gottes bezeichnen. Da alles, wenn man die Schöpfung zurückverfolgt, aus derselben Quelle stammt, musste folglich auch *alles* in sich diesen Atem tragen – selbst wenn es noch so tief verborgen war und selbst in dem, was als schlecht verurteilt wurde …

Nur Einer konnte mir darauf Antwort geben.

»Gibt es so etwas wie ›Dunkelheit‹?«, fragte ich Gott eines Nachmittags.

Das, was ich mit dem Begriff ›Dunkelheit‹ assoziierte, verursachte mir Unbehagen. Ich strebte nach der ›Lichtseite‹ – nach dem Guten, Schönen, Himmlischen und Vollkommenen – und wollte von der anderen Seite, dem Bösen, Schlechten und Verwerflichen nichts wissen.

»Nur, solange ihr daran glaubt«, antwortete Gott. »Ihr habt es erfunden, nicht ich. ›Dunkelheit‹ ist eine Betrachtungsweise der Dualität. Du hast das Bestreben, die Dualität zu überwinden. Das erzeugt immer dann Reibung, wenn ein Konzept der Dualität auf dein Sein trifft.«

»Und wie soll ich damit umgehen?«

»Gelassen. Konzepte kommen, Konzepte gehen. Die Wahrheit liegt jenseits der Konzepte, wie du weißt.«

»Und wie soll ich mit einem Konzept umgehen, das mir Angst macht?«

»Beobachte deine Angst«, erwiderte Gott. »Erfahre sie vollkommen – als einen Bestandteil Gottes. Denn das ist die Wahrheit. *Es gibt nichts, was ich nicht bin.* Es gibt nichts, wovor du Angst haben müsstest. Wenn andere Menschen für sich die Wahl treffen, an Konzepte zu glauben, ist das ihre Sache. Du brauchst es ihnen nicht gleichzutun …«

»Also gibt es keine ›Dunkelheit‹? Keine ›Dämonen‹?«

Einige Jahre zuvor hatte ich längere Zeit in einer Kultur gelebt, in welcher der Glaube an Götter und Geister Teil des Alltags war, und das hatte seine Spuren hinterlassen.

»Es ist das Wort, das teilt und Unheil schafft, das in Gut und Böse trennt. Geh jenseits der Worte, jenseits der Konzepte, und du wirst die Wahrheit erkennen. Das Wort ›Dämon‹ hat das größte Unbehagen in dir ausgelöst, richtig?«

»Stimmt.«

»Weil es die kollektive Angst enthält, die in dieses Wort projiziert wurde, und das hast du gespürt. Nimm die Projektionen aus dem Wort – was bleibt?«

Mit seiner Hilfe gelang es mir, das Wort von der emotionalen Ladung abzukoppeln. Der Effekt war höchst erstaunlich.

»Es bleibt – nichts. Nur Leere.«

»Richtig. Kannst du jetzt lachen?«, fragte Gott ermunternd.

»Lachen noch nicht, aber ich fühle mich erleichtert.«

Nach dem Abkoppeln der ›Ladung‹ war das Wort, das mir zuvor

Unbehagen bereitet hatte, völlig neutral geworden – so leer wie ein unbeschriebenes Blatt Papier.

Wörter sind häufig mit emotionalen Feldern verbunden, welche die eigenen wie auch die kollektiven Gefühle der Menschheit zu diesem Thema enthalten. Fast jeder Mensch spürt, dass das Wort ›Liebe‹ eine andere Kraft enthält als das Wort ›Trennung‹.

»Also sind *wir* es, die den Wörtern ihre Bedeutung verleihen, und zwar durch das, was wir mit ihnen assoziieren?«

»Richtig. Würdet ihr das Wort anders belegen, könnte es eine erfreuliche Bedeutung haben.«

Ich sann darüber nach, dass die Tatsache, an bestimmte Konzepte zu glauben, offenbar entsprechende Erfahrungen nach sich zog. Genau genommen waren ›Gesundheit‹ und ›Krankheit‹ ebenfalls Konzepte. Und selbst wenn wir sie als reale Erfahrung erlebten, lagen ihnen doch bestimmte Definitionen zugrunde, innerhalb deren Grenzen wir uns bewegten. Doch wie war es möglich, etwa bei Krankheit, diese Grenzen zu überwinden und jenseits des Leidens zu gelangen?

»Was ist mit all den körperlichen Problemen – dass ich ständig so erschöpft bin, mich nicht konzentrieren kann, so vieles nicht vertrage? Dass ich oft schlecht oder gar nicht schlafe? Das macht mich mürbe, es zehrt an meiner Kraft. Wie kann das aufhören?«

»Es hört auf, wenn du deinen Widerstand loslässt«, entgegnete Gott. »Widerstand beruht auf der Annahme, dass es etwas Gutes und etwas Schlechtes gibt, etwas, das wünschenswert ist, und etwas, das unerwünscht ist.«

Selbstverständlich hatte ich ›Kranksein‹ in die Kategorie *unerwünscht* einsortiert. Niemals zuvor hatte ich eine so lange Zeit solch demütigender Schwäche erfahren.

»Widerstand ist ein Produkt der Dualität. Da du mit Macht in die Einheit strebst, erzeugt der in dir noch vorhandene Widerstand einen Konflikt. Das macht deinem Körper zu schaffen. Lerne, widerstandslos zu sein.«

Das allerdings erschien mir als eine unglaubliche Herausforderung: widerstandslos das Kranksein annehmen?

»Und dann wird alles besser?«

»Erheblich. Es wird leichter, müheloser.«

»Also gut: Wie werde ich widerstandslos?«

»Indem du alles mit meinen Augen siehst. In meinen Augen gibt es nur das Gesamte, rund und vollkommen. Da es vollkommen ist, ist kein Widerstand da.«

»Und dann hört auch das Theaterspiel von Licht und Dunkel und das damit verbundene Leiden auf?« Ich war es müde, die Welt in zwei Teile zu teilen.

»Ja. Es kann sich nur das halten oder festsetzen, was du glaubst. Wenn du an ein Konzept nicht mehr glaubst, verschwindet es. Du bietest ihm keinen Ankerpunkt mehr.«

»Ich kann mich also, wenn ich nach Antworten suche, an niemanden mehr wenden, der in Konzepten der Dualität denkt?«

»Jedenfalls nicht, wenn du die Wahrheit suchst. Du wirst sie dort nicht finden.«

»Das macht das Leben aber nicht gerade leicht ...«

»Nur, solange du die Lügen noch glaubst. Wenn du sie nicht mehr glaubst, wird das Leben überaus erfreulich. Du wirst sehen.«

Monate später, als ich infolge akuter körperlicher Schwäche nichts weiter tun konnte, als auf dem Bett zu liegen, ergab ich mich völlig und machte die erstaunliche Entdeckung, dass Hingabe tatsächlich köstlichen inneren Frieden bescherte ...

Später begriff ich, dass die Verurteilung des Dunklen, der Schattenseite sowohl in uns selbst als auch in der Welt eine Spaltung erzeugt, welche die Erfahrung von Einheit und Vollkommenheit verhindert. Da Verurteilung das Ganze zerteilt, fällt man durch jede Verurteilung aus der Einheit heraus. Die Liebe, von der Gott immer wieder sprach, lässt nicht zu, irgendetwas abzulehnen, da Ablehnung Getrenntheit erzeugt.

Annehmen dagegen führt in die Einheit.

»Bitte erkläre mir: Werde ich gerade verrückt? Bin ich es schon?«

»Was bedeutet ver-rückt? Aus dem Kollektiv ausscheren. Und das tust du, ständig. In meinen Augen bist du nicht verrückt. Du willst nur keine Lügen mehr glauben. Und das ist in Ordnung«, erwiderte Gott.

»Gut. Ich kann mich also entscheiden, dem Kollektiv zu glauben oder dir, was die ganze Sache mit der Dunkelheit und der Angst davor betrifft?«

»So kannst du es sehen.«

»Wie siehst du es?«

»Angst ist eine Illusion.«

»Warum empfinden wir dann Angst?«

»Weil ihr in der Getrenntheit weilt und alles aus der Perspektive der Getrenntheit betrachtet und erlebt.«

»Das heißt, jemand, der in der Einheit lebt, empfindet keine Angst?«

»Absolut. Denn er ist frei vom Konzept der Angst, frei von der Vorstellung von Gut und Böse. Darum wurden solche Personen oft bekämpft, weil sie sich dem Einfluss des Kollektivs entziehen und nicht steuerbar sind, denn sie kennen die größere Wahrheit. Ein solcher Mensch hat auch keine Angst vor dem Tod, weil er weiß, dass selbst der Tod im Sinne von ›Ende‹ eine Illusion ist.«

»Was kann ich tun, um mich der Angst zu entziehen, wenn mir etwas oder jemand Angst macht?«

Vermutlich hat fast jeder Mensch einen persönlichen ›Dämon‹ – eine Angst, Schwäche, Erinnerung oder Sichtweise, die es zu überwinden gilt, wenn man in Richtung Wahrheit voranschreiten will. Der Lohn liegt darin, schließlich zur Quelle zu gelangen und eine Liebe zu erfahren, die jenseits aller Worte ist.

»Das Beste wäre – lebensbedrohliche Situationen ausgenommen –, nicht wegzulaufen, sondern dich der Angst zu stellen. Wenn das nicht geht, weil die Angst zu groß erscheint, unternimm etwas, das dir hilft, in dein Zentrum zu finden, sodass du von dort die Angst ruhigen Herzens ansehen kannst. Ruf mich – oder die Engel – zu Hilfe, wie es dir beliebt. Dann wirst du die

Wahrheit immer mehr erkennen, und die Angst wird schwinden. Habt keine Angst. *Es gibt nichts, wo ich nicht bin.* Ruft mich, und ich werde da sein. Immer. Lasst euch von eurem Herzen leiten statt von der Angst, denn das Herz findet zu mir. Es kennt den Weg.«

Dank seiner Führung erfuhr ich nach und nach, dass ein ›Umschalten‹ zwischen Verstand und Herz tatsächlich möglich ist. Solange ich mit den Belangen des Egos identifiziert war, überwog die Erfahrung von Licht und Dunkel, von Ich und Du und von Getrenntheit – die Arbeitsebene des Verstandes. Aus dieser Erfahrung der (scheinbaren) Getrenntheit entstanden Angst und die Erfahrung von ›Dunkelheit‹. Gelang es mir jedoch in einer Situation, wo der Verstand feststeckte, tatsächlich einmal vollkommen loszulassen, konnte es sein, dass ich auf magische Weise in mein Herz ›hineinfiel‹. Wenn das geschah, erfuhr ich es als Gnade. Dann veränderte sich alles in Sekundenschnelle.

In der Stille des Herzens fiel die Illusion in sich zusammen, fielen sorgenvolle Gedanken augenblicklich fort. Sobald ich in dem Gefühl ruhte, dass alles eins ist – eine Folge des Im-Herzen-Seins – war Angst vollkommen abwesend. Stattdessen war ein gewaltiger, allumfassender Frieden spürbar.

In solchen Momenten begriff ich seine Aussage ›*Angst ist eine Illusion*‹ zutiefst. Im Licht der Wahrheit und Liebe, die das Innerste Herz ist, schmolz das Unwahre, und Einheit tauchte auf.

Dieser Blickwinkel, diese Sichtweise, war eine völlig andere Erfahrung *derselben* äußeren Realität – geprägt von großer, unendlicher Stille im Inneren und einem grenzenlosen Empfinden von Einheit mit allem, das mit Worten nicht mehr zu beschreiben ist. Es war mehr als Frieden, mehr als Weite, mehr als Stille. Es war tanzende, liebende, raumlose Stille – es war unbegrenztes Sein, das Alles enthielt.

32
Alchemie des Herzens

Ich blinzelte.

Nach der Kühle des Hauses war die Wärme der Sonne angenehm. Das grüne Gras des Rasens und die üppig in den Beeten prangenden leuchtend roten Blumen strahlten voller Lebendigkeit. Wie sehr uns doch die Natur Schönheit, Harmonie und Frieden schenken konnte. Zuweilen hatte ich sogar das Gefühl, dass Pflanzen eine Art von Liebe auszustrahlen vermochten.

Wenn alles, was existiert, den göttlichen Funken in sich trägt, ist auch Liebe in allem enthalten. Diese Liebe kann sich gegenseitig berühren und in Schwingung versetzen. Liebe erkennt Liebe. Jedes Tier versteht diese Sprache, und selbst Pflanzen reagieren darauf. Dennoch ist die Liebe, die uns ein Mensch entgegenbringen kann, einzigartig in ihrer Art. Was also machte die menschliche Liebe so besonders?

»Es ist die Fähigkeit zu tiefer Empfindung«, antwortete Gott. »Das ist einzigartig. Diese Tiefe gibt es sonst nirgendwo in der Schöpfung – nur im menschlichen Herzen. Denn das Herz des Menschen reicht tiefer als das tiefste Meer und weiter als die fernsten Himmel – es ist in seiner Weite unendlich. Diese Liebe in ihrer Unendlichkeit ist Gott, und diese Liebe ist der Schlüssel, den ihr sucht. Er ist in euch, in eurem Herzen.«

»Wie kann ich diese Liebe in mir entdecken?«

»Lass dich in dein Herz hineinfallen.«

»Wie soll das funktionieren?«

»Tauche in dein eigenes Herz hinein, lass es zu, von Gnade berührt zu werden. Suche die Liebe in dir selbst, gib dir selbst die

Erlaubnis zu lieben. Jedes Mal, wenn du liebst, geht ein Same in dir auf. Finde mich in jedem Augenpaar, auch in deinem eigenen. Wenn du dich im Spiegel anblickst, bitte mich, durch deine Augen zu schauen. Ruf mich, und ich werde dir zeigen, wie ich die Welt sehe. Und lade jedes Augenpaar ein, tief in dich hineinzuschauen. Hab keine Angst. Am Ende der Tiefe in dir selbst bin ich.«

Während Gott sprach, führte er mich gleichzeitig durch das Erleben seiner Worte hindurch. Ich erlebte, fühlte und sah, was er beschrieb, während er davon sprach. Und was ich sah, war dies: Indem man mit offenem Herzen voller Vertrauen einen anderen Menschen dazu einlud, durch die eigenen Augen in das Innerste von einem selbst hinabzutauchen, war es tatsächlich möglich, dass der andere dort Gott begegnete. Die eigene grenzenlose Offenheit macht es dem Gegenüber möglich, ins Innerste von uns selbst einzutauchen. Auf alchemistische Weise, die mein Verständnis weit überstieg, war so eine Reise in das Allerheiligste eines jeden Menschen, in das innerste Herz möglich, wo Gott mit offenen Armen wartete.

Das allerdings, überlegte ich, bot eine völlig neue Perspektive, denn schließlich bedeutete es, dass Gott wirklich *in mir selbst* war ...

Ich schluckte.

»Natürlich. Was hast du denn gedacht?«, gab Gott zurück.

»Ich weiß nicht, es ist so überraschend ...« Mir war, als bräuchte mein Verstand wieder einmal Zeit, um zu realisieren und zu erfassen, was das Herz längst wusste. Die Gewissheit, dass Gott *in mir selbst* mit offenen Armen wartete, bereit, den anderen und mich selbst aufzufangen, war ungeheuer erleichternd.

Im Hinblick auf zwischenmenschliche Beziehungen eröffnete sich mir eine völlig neue Perspektive. Es bedeutete, dass wir Gott finden können, indem wir in die Augen eines anderen Menschen eintauchen. Und in letzter Konsequenz bedeutete es sogar: Wohin wir auch gehen, wir landen immer in den Armen Gottes. Überall wartet Er.

Allerdings ...

»Aber warum fühle ich deine Anwesenheit manchmal nicht, zum Beispiel im tiefsten Schmerz?«, erkundigte ich mich nach einer Weile.

»Weil du festhältst. Weil du dich nicht wirklich fallen lässt.«

Es stimmte natürlich. Dabei hatte ich bereits eine ganz erstaunliche Entdeckung gemacht: Sobald ich den Widerstand gegenüber dem Schmerz tatsächlich losließ und ihn stattdessen ganz und gar annahm, ohne etwas verändern zu wollen, löste sich das schmerzhafte Gefühl irgendwann auf und wurde durch tiefen Frieden oder sogar stille Freude ersetzt. Dann konnte ich seine Nähe wieder spüren.

Das Geheimnis dieser Alchemie lag in der vollkommenen Annahme des Gefühls, was nicht bedeutete, sich darin zu verlieren, sondern das Gefühl bewusst und urteilsfrei wahrzunehmen, es da sein zu lassen. Emotionen wie etwa Schmerz, Wut, Angst erzeugen eine Zusammenziehung im Inneren, eine Verkrampfung. Kommt Widerstand gegenüber einem Gefühl hinzu, wird die Verkrampfung noch stärker. Sobald man jedoch den Widerstand gänzlich aufgibt, geschieht eine Entspannung. Dann ist es möglich, in das eigene Herz zu ›fallen‹, eine Transformation geschieht, und damit verändert sich die gesamte Erfahrung.

*

Wir unterhielten uns auch über Sex. Ich hatte Gott einige sehr persönliche Fragen zum Thema Partnerschaft gestellt, und im Zuge unseres Gesprächs erklärte er mir wieder einmal die Sichtweise der Einheit aus unterschiedlichen Perspektiven.

»Ich habe also so etwas wie ›Sex mit Gott‹?«, gab ich belustigt zurück, auf die intensive Präsenz seiner Liebe während unserer Gespräche anspielend. Es war, wie von einer intensiven Wolke aus Liebe eingehüllt zu sein, die auch das Innerste durchdrang und jede Zelle meines Seins mit dieser Liebe erfüllte.

»So könnte man es nennen«, erwiderte Gott lächelnd. »Es geschieht auf Seelenebene und wirkt auf den Körper zurück, es nährt den Körper mit bedingungsloser Liebe und Licht.

Wenn ihr euch nach körperlicher Berührung sehnt, hört auf euer Herz. Es wird euch sagen, was für euch richtig ist. Es gibt Zeiten des Alleinseins und Zeiten der Gemeinsamkeit, Zeiten, wo man sich körperlich nah ist – dazu gehört auch der Sex –, und dann ist es angemessen, dies zu genießen. Der Körper schenkt euch eine besondere Art der Wahrnehmung. Man kann Gott auch durch den Körper erfahren, man kann Gott im Sex erfahren. Allerdings ist dazu der richtige Partner nötig.«

»Jemand, der dich auch aus ganzem Herzen sucht?«

»Jemand, der unschuldig ist. In der Unschuld bin ich anwesend.«

»Was meinst du mit ›unschuldig‹?«

»Unschuld bedeutet Hingabe ohne Vorsatz, ohne Erwartung. Dann kann ich durch einen Menschen fließen. Und dann erlebt ihr das, was du das ›Paradies auf Erden‹ nennst. Es ist die Unschuld, das erwartungslose Sein, das dies ermöglicht.«

»Und wenn man in Erwartungen verstrickt ist, wie wird man sie dann wieder los?«

»Das ist bei jedem Menschen unterschiedlich. Der erste Schritt besteht darin, zu bemerken, dass man Erwartungen hat. Um wieder zur erwartungslosen Hingabe zu finden, gibt es verschiedene Wege: Der eine betet, ein anderer geht in den Garten und gräbt Beete um, ein Dritter geht vielleicht spazieren. Alles geschieht, um die Last der Erwartung, die der Verstand selbst erschaffen hat, wieder loszuwerden und sich davon zu befreien. Sobald das geschehen ist, kehrt Friede im Herzen ein. Das Herz wird leicht und frei …«

»… wie ein Vogel. Die Gedanken erschaffen also Unfrieden?«

»Sie sind eine Art trennender Schleier. Der Schleier erzeugt das Gefühl von Unfrieden, Unruhe, Nervosität. In dem Moment, da der Schleier fort ist, kehrt vollkommener Friede ein.«

»Das habe ich neulich erlebt. Die Betrachtung der spiegelnden Wasseroberfläche eines Sees hat mich zu tiefem Frieden geführt.«

»Dieser Frieden ist es, den ihr suchen solltet, denn dort findet ihr mich. Ihr findet mich mitten unter Menschen, mitten im Lärm wie auch im stillen Alleinsein. Wenn der Schleier fort ist und du mit den Augen des Herzens siehst, ist Frieden da, selbst im größten Lärm. Er ist da, überwältigend präsent – in den Augen eines Menschen, im Straßenlärm, selbst in einem Laternenpfahl. Wenn der Schleier fort ist, schmeckst du den Frieden überall, er ist in dir und überall um dich. Dann bist du das Zentrum des Friedens, und keine Umstände vermögen dich von diesem Frieden zu trennen. Bewertung und Ablehnung erzeugen Trennung. Mitfließen und Annehmen führen in die Einheit.«

»Das führt jedoch nicht zur Handlungsunfähigkeit, sondern man kann mit der Eleganz einer Jiu-Jitsu-Bewegung mitgehen und dennoch handeln.«

»Exakt. Dann erfolgt die Handlung nicht aus dem Gegenankämpfen, was Reibung und Widerstand erzeugt, sondern aus dem Mitgehen, während du gleichzeitig mit dem göttlichen Strom verbunden bist.«

33

Goldene Schlüssel

»Warum habe ich keinen Erfolg? Was muss man tun, um erfolgreich zu sein?«, wollte ich eines Nachmittags von Gott wissen. Die Projekte, die ich aus finanziellen Gründen glaubte verfolgen zu müssen, liefen nur zäh. Zwar hatte ich nach dem Hinweis von Christus begonnen, die Arbeit an meiner Kunst wieder aufzunehmen, doch bald fehlte mir erneut die Energie.

Das Einzige, was in dieser Zeit wirklich funktionierte, waren die Gespräche mit Christus und Gott. Wie tiefgreifend sie meine Perspektive und mein Leben veränderten, wurde mir jedoch erst rückblickend bewusst.

»Entspann dich, sieh das Ganze mehr als Spiel. Du gehst viel zu verkrampft an die Sache heran. Lächle«, meinte Gott.

»Mir ist aber nicht nach Lächeln zumute, nach bald zwei Jahren schwerer Zeit.«

»Lächle trotzdem. Hast du nicht erst vor Kurzem gelesen, dass meine Wege unergründlich sind, aber niemals zu eurem Nachteil?«

»Schon …«

»Habe Geduld. Übrigens: Wie definierst du Erfolg?«

»Hm, ehrlich gesagt: dass der Plan, den ich mir in den Kopf gesetzt habe, in Erfüllung geht, und zwar genauso oder besser.«

»Siehst du? Da ist wenig Raum für Flexibilität. Woher weißt du, dass, von einer umfassenden Ebene aus gesehen, dein Plan das Beste für dich ist? Weißt du, ob das, was du glaubst, unbedingt haben oder erreichen zu müssen, deine Seele wirklich glücklich macht? Sind es Träume des Verstandes oder Träume des Herzens?«

Ich überlegte.

»Beides. Es mischt sich. Aber vielleicht ist es falsch, das zu mischen?«

»Richtig. Du versuchst etwas, wovon dein Herz träumt, durch einen Plan des Verstandes zu erzwingen. Das lässt mir nicht mehr viel Spielraum.«

»Aber warum dann dieses Kranksein, das mich daran hindert, meine Projekte weiterzuführen?«

»Du stehst dir selbst im Weg.«

»Inwiefern?«

»Du hast die Liebe aus deinem Leben ausgeschlossen. Das kann so nicht funktionieren. Dabei würde die Liebe dir Kraft geben, deine Projekte mit Leichtigkeit zu vollenden, und insgesamt dein Leben in eine freudvolle Erfahrung verwandeln.«

»Du meinst, die Liebe ist notwendig für den Erfolg?«

»Sie wird dein Leben in Fluss bringen, und der Erfolg kann dir dann ganz natürlich zufließen. Versteife dich nicht zu sehr auf einen bestimmten Weg. Fahre vor allem mit der Liebe fort. Das wird dir wahre Heilung bringen.«

Im Lauf der Zeit begriff ich mehr und mehr, auf welche Art der Liebe Gott hinauswollte: die absolute Hingabe an die göttliche Liebe und sich jederzeit von dieser Kraft vollkommen führen zu lassen. Ohne Wenn und Aber.

Die göttliche Liebe ist bedingungslos, sie enthält und umfasst alle bekannten Ausdrucksarten von Liebe – die Liebe zu sich selbst, die romantische, elterliche und freundschaftliche Liebe, die Liebe zur Natur, zum Leben, zum Göttlichen, aber auch das Lieben dessen, was wir normalerweise im Außen oder Inneren ablehnen, wie etwa die Schatten in uns selbst. Gerade diese Schatten anzusehen und auch anzunehmen, erfordert großen Mut.

Lange hatte ich von der Existenz der Schattenseiten nichts gewusst und auch nichts wissen wollen, bis sie sich nach und nach ihren Weg in mein Bewusstsein bahnte. Zu sehen, was zuvor nicht gesehen werden konnte – die Abgründe der eigenen und kollektiven Seele – war oft erschreckend, teils schmerzhaft ernüchternd, aber auch erhellend. Sobald jedoch ihre Essenz frei von jeglicher Bewertung erkannt wurde, verloren die Schatten ihren Schrecken. Dann war es möglich, sie anzunehmen, und das wirkte zutiefst erlösend.

Diese Annahme verdrängter persönlicher und kollektiver Aspekte ist notwendig, um zur inneren Ganzheit zu finden. Es geschieht durch Verschmelzung mit jenem Bewusstsein, das jenseits aller Dualität absolut wertfrei IST. Solange jedoch Verdrängung und somit innere Spaltung herrschen, ist es nicht möglich, dauerhaft die allumfassende Liebe zu erfahren und zu leben, von der Gott sprach.

Jene endlose, allumfassende Liebe zu entdecken ist eines der größten Abenteuer menschlicher Existenz. Auf dieser inneren Reise gibt es tiefe Schluchten und ausgedehnte Wüsten, aber auch grüne Oasen. Zeiten der innigsten Verbindung mit Gott wechselten sich ab mit Phasen innerer Ödnis und Leere. Mit der Zeit lernte ich, die Phasen anzunehmen. Das innere Leben hat einen eigenen Rhythmus, und allein das Herz, das innere Wissen jenseits aller Worte, vermag einen auf diesem Weg zu führen.

Auch gilt es, eine Balance zu finden zwischen dem Einheitsempfinden des Herzens und dem alltäglichen Leben in der Dualität, das naturgemäß Unterscheidung, Entscheidung, in manchen Dingen auch Ablehnung erfordert, und dabei dennoch auf einer tieferen Ebene im Einheitsbewusstsein verankert zu sein.

*

»Das Herz liebt einfach, solange der Verstand nicht dazwischenfunkt«, hatte Gott erklärt und hinzugefügt: »Wenn das Herz rein und unverfälscht spricht und empfindet, dann seid ihr selig.«

War Seligkeit unser Urzustand? Andererseits fühlen wir uns im Leben doch nicht immer selig ...

»Was ist mit Traurigkeit oder Trauer, zum Beispiel bei Verlust eines geliebten Menschen? Da ist doch echte Traurigkeit im Herzen.«

»Das meiste Leid entsteht im Kopf«, antwortete Gott. »Durch

Festhalten. Würdet ihr nicht festhalten, auch nicht an einem geliebten Menschen, dann gäbe es kein Leid. Woher wisst ihr, dass es für ihn oder sie falsch war zu gehen? Das könnt ihr nicht wissen. Ihr kennt seinen oder ihren Seelenplan nicht, ihr kennt ja nicht einmal euren eigenen. Würdet ihr einfach nur lieben, ob der andere in Körperform da ist oder nicht, würdet ihr einfach nur lieben, dann würde Liebe frei von Schmerz fließen, Liebe, die von Bewusstsein zu Bewusstsein fließt. Das ist freie Liebe, das ist wahre Liebe – frei von Egoismus, frei von Brauchen, frei von Festhalten-Wollen. Liebe um der Liebe willen, darum geht es.

Dies könnt ihr jedoch erst verstehen, wenn ihr es ausprobiert. Habt keine Angst zu lieben. Eher habt Angst, nicht zu lieben, wobei Angst der falsche Ausdruck ist. Lieben und Liebe verbindet euch mit euch selbst und mit allem, was existiert. Bist du in dieser Verbindung, dann bist du heimgekehrt und glücklich, unabhängig davon, was im Außen geschieht. Du bist in Frieden und Liebe mit dir und dem, was ist. Ist ein Partner da – gut. Ist keiner da – auch gut. Und weil die Liebe fließt, entsteht Freude. Liebe und Freude sind ein Team, sie treten zusammen auf. Hast du das bemerkt?«

»Ja.«

»Ist Liebe da, ist auch Freude da, Seligkeit oder sogar Ekstase – pure Freude über das Sein. Das Geheimnis liegt darin zu lieben.«

»Aber manchmal taucht Widerstand im Inneren auf, wenn die Dinge anders laufen, als man es sich gewünscht hat, und dann ist es schwer zu lieben ...«

»Der Widerstand macht es schwer. Lass ihn los. Fokussiere dich auf die Dinge, für die du dankbar sein kannst, auf das, was gut ist in deinem Leben, und du kommst sofort in eine andere Schwingung – spürst du es?«

»Ja.« Tatsächlich begannen sich, während ich seine Worte verinnerlichte, Leichtigkeit und Freude in mir auszubreiten. Meine Aufmerksamkeit auf all das Gute in meinem Leben zu richten hatte genügt.

»Dankbarkeit reicht aus, um dich augenblicklich in eine andere

Schwingung zu versetzen«, fuhr Gott fort. »Dankbarkeit für dein bequemes Bett, in dem du liegst, wenn du morgens aufwachst und abends einschläfst, für all die vielen anderen Dinge und all die Fülle, die bereits jetzt in deinem Leben vorhanden sind. Das wird weitere Fülle anziehen.

LIEBE und DANKBARKEIT sind zwei goldene Schlüssel zum Paradies, und jeder von euch hat sie. Es ist eure Wahl, in jedem Moment. Wie auch immer ihr wählt, es ist weder gut noch schlecht.«

34
Erfolgreiche Kommunikation

Es war ein strahlend schöner Tag. Ich lag auf einer Wiese, blickte in den blauen Himmel und sann aufgrund einer Meinungsverschiedenheit mit einem guten Freund darüber nach, wie es möglich war, harmonisch miteinander zu kommunizieren.

Wenn das Herz sprach und man auf derselben ›Wellenlänge‹ war, verlief die Kommunikation mühelos, und Lösungen für Probleme fanden sich leicht. Doch sobald sich das Ego einmischte und begann, Erwartungen oder Forderungen an einen anderen Menschen zu stellen, wurde die Verständigung mühsam. Die spielerische Leichtigkeit im Miteinander ging verloren, und das Herz verschloss sich, was gerade im Umgang mit geliebten Menschen ein schmerzhaftes Gefühl von Getrenntheit erzeugte.

Wie war es möglich, mehr auf das eigene Herz zu hören statt auf das Ego, das Probleme sah und erschuf, wo für das Herz gar keine existierten?

Zeit für ein Gespräch mit Gott ...

»Wie funktioniert wahre Kommunikation?«

»Was genau verstehst du darunter?«, forschte Gott nach.

»Eine Kommunikation, die für beide Seiten erfüllend, freudvoll und erfolgreich ist und während der alles ausgetauscht und geklärt werden kann, was ansteht.«

»Dies geschieht, indem ihr mit den Augen des Herzens blickt. Probleme entstehen, wenn du erwartest, dass sich der andere Mensch auf eine bestimmte Weise verhalten soll. Wenn er sich nicht so verhält, bist du sauer. Erwartung und Enttäuschung finden in deinem Kopf statt.«

»Und dann verschließe ich mein Herz.«

»Genau. Und verrennst dich noch tiefer in deine Enttäuschung. Wenn du so reagierst, lässt du dem Leben keinen Raum, sich frei zu entfalten. Das Leben könnte dich überraschen und entzücken, aber das ist nur möglich, wenn dein Herz offen ist und du frei bist von Erwartungen des Verstandes. Erwartungen und Vorstellungen sind wie Scheuklappen, die verhindern, dass sich das Leben in all seiner Fülle und Schönheit vor dir entfalten kann.«

»Was kann ich also tun, wenn ich mich von einem anderen Menschen enttäuscht fühle? Wie gehe ich damit um?«

»Es sind deine eigenen Erwartungen, die dich erdrücken. Befreie dich davon. Die Liebe stellt niemals Forderungen, sie fließt einfach.«

»Aber man muss in dieser Welt doch miteinander kommunizieren … Ich meine, wie sollen wir sonst einander näherkommen, Verständnis entwickeln und erfahren, was den anderen bewegt?«

»Hör auf dein Herz. Es wird dir den Weg weisen. Suche den Kontakt, wenn du im inneren Frieden bist. Dann erfolgt positive Resonanz. Verspürst du Unfrieden, ziehe dich zurück und komm mit dir selbst ins Reine, bis du wieder vollkommenen inneren Frieden spürst. So hältst du dich und deine Welt im Gleichgewicht. Dies wird zu äußerem Frieden beitragen.«

»Aber vielleicht kann man nicht immer so lange warten?«

»Frage dich, wie lange du *wirklich* warten kannst. Wenn du ehrlich zuhörst, wird dein Herz dir den Weg weisen. Das Herz sucht nach der größtmöglichen Harmonie und Übereinstimmung. Befragt euer Herz nach *seiner* Wahrheit zu der aktuellen Situation. Lauscht ehrlich, offen und erwartungsfrei … Das wird euch eine neue Perspektive bescheren. Und dann habt ihr die Wahl, welcher Perspektive ihr folgen wollt.

Doch verurteilt euch nicht selbst. Lauscht einfach wieder und wieder in euer Herz, wenn der Verstand Probleme sieht. Das wird euch helfen, weniger selbst erzeugtes Leid und mehr Freude zu erfahren.

Und habt Vertrauen, besonders, wenn sich die Dinge anders entwickeln, als ihr dachtet. Dann erinnert euch daran: *Gottes Wege sind unergründlich, doch niemals zu eurem Nachteil.*«

»Manchmal muss man sich auch trennen …« Ich dachte an nicht mehr funktionierende Partnerschaften oder aus dem Gleichgewicht geratene geschäftliche Beziehungen.

»Harmonie bedeutet nicht, dass man zusammenbleiben muss, obwohl es nicht mehr passt. Es bedeutet, der Stimme und Sehnsucht deines Herzens zu folgen. Dies erfordert manchmal klare Entscheidungen oder auch deutliche Worte. Doch werden sie aus dem Herzen heraus gesprochen, sind sie niemals verletzend. Denn das Herz erkennt sofort die Wahrheit in der Sprache eines anderen Herzens. Herzen verstehen sich auch ohne Worte. Das Herz hat die Fähigkeit, zu verstehen, was der Verstand nicht verstehen kann. Der Verstand verursacht die Probleme, nicht das Herz. Würden die Menschen mehr auf ihr Herz hören, gäbe es weit weniger Reibung, und das Leben wäre angenehmer.«

»… was nicht unbedingt einfacher im materiell-physischen Sinn bedeuten muss …«

»Das Leben wäre reibungsloser. Das Herz folgt den Gesetzen der Liebe. Liebe erzeugt keine Reibung. Sie enthält alles, durchdringt und ist alles.«

»*Das* ist mit dem Geist gemeint, der in allem enthalten ist?«

»Genau. Wer das wahre Gesicht der Welt erkennt, erkennt sich selbst. Dann findet das Leben auf eine andere Weise statt – Leichtigkeit entsteht, und Probleme werden reibungsloser gelöst. Je mehr das Herz lebt, desto mehr Platz ist für Glückseligkeit im Leben eines jeden Menschen.«

Glückseligkeit. Doch wie war es um jene Menschen bestellt, die in Kriegsgebieten lebten?

»Sie leiden, denn im Krieg verschließt sich das Herz«, antwortete Gott. »Es gibt eine Verbindung aller Herzen untereinander und mit dem Herzen der Erde. Das Leiden Einzelner schlägt sich auf das Kollektiv nieder, so wie auch das Glück und die Freude

Einzelner. Je mehr Menschen ihrem Herzen folgen, desto stärker wird dieser Einfluss im Kollektiv, und umso schwerer werden Kriege möglich. Das Problem hört auf, wenn ihr die Illusionen in euch beseitigt habt, die hier und dort noch verhindern, dass ihr erkennen könnt, dass wirklich alles vollkommen eins ist und dass keine Getrenntheit existiert außer in euren Köpfen.

Und dies ist, was jeder Einzelne tun kann: seinem Herzen folgen. Das kann durchaus die aktive Hilfe für andere Menschen einschließen, solange es wirklich aus dem Herzen und nicht aus einer falschen Ethik heraus kommt, die dich dazu zwingen will, etwas zu tun, obwohl dein Inneres etwas ganz anderes sagt. Wenn ihr helft, dann tut es aus einem Zustand der inneren Klarheit, Liebe und Freude heraus – *weil* es euch Freude macht zu helfen. Allein das Herz vermag die Wunden zu heilen, die es auf der Welt sowie in den einzelnen Menschen gibt. Die Medizin des Herzens ist die Medizin der Zukunft.«

»Das ist schön gesagt. Und wenn ein Mensch sein Herz nicht spürt?«

»Er wird es spüren, früher oder später.«

»Und wenn er stirbt, bevor er es spürt?«

»Dann wird es auf einer anderen Ebene geschehen. Ich habe nicht vom physischen Herzen gesprochen. Ich habe von der Essenz des Herzens gesprochen, und diese ist nicht-physisch (obwohl sie natürlich das physische Herz durchdringt), sondern ätherisch. Es ist geistige, unsterbliche Essenz, die auch erhalten bleibt, wenn der Körper aufgegeben wird. Essenz bleibt Essenz. Wenn die trennende Körperform aufgegeben wurde und Essenz zu Essenz zurückkehrt, ist Einheit da. Dann geschieht Verschmelzen.

Ihr müsst jedoch nicht erst körperlich sterben, um dies erleben zu können. Diese Verschmelzung ist bereits möglich, während ihr lebt. Es ist ein Prozess der Erkenntnis, der vom Herzen geleitet stattfindet. Er bringt dich tiefer und tiefer in andere Dimensionen des Sehens und der Wahrnehmung, tiefer und tiefer ins große Sein. Bis schließlich an den Ort, der auch das *Herz der Herzen* genannt wird, ein Ort reinster geistiger Energie, wo die Verschmelzung stattfindet und alles als eins erlebt wird.

Dies ist, wie gesagt, möglich, noch bevor ihr sterbt, und durch die Jahrtausende hinweg haben dies einzelne Menschen erfahren. Ihr jedoch lebt in einem Zeitalter der kollektiven Erinnerung, so dass es nun viel mehr Menschen möglich sein wird, diesen Zustand der Einheit zu erleben. Das geschieht bereits jetzt.«

35
Ihr seid, was ich bin

»Also, wie ist das, Gott, kann ich etwas falsch machen? Kann ich versagen? Entziehst du mir deine Liebe, wenn ich etwas falsch mache? Der letzte Punkt wäre mir erst einmal am wichtigsten ...«, legte ich eines Nachmittags los. Ich wollte meine Freiheit zurück – Freiheit von überholten, einengenden Prägungen der Vergangenheit.

»NIEMALS«, antwortete Gott mit Bestimmtheit. »Aber frage dich doch: Wer ist es, der be- oder verurteilt, ob du etwas falsch gemacht hast? Bist du es in den allermeisten Fällen nicht selbst? Verurteilst du dich nicht selbst am härtesten, und ist es nicht aufgrund dieses Mangels an Liebe zu dir selbst, dass du nach Bestätigung im Außen suchst?«

»Hm, das könnte sein.«

»Würdest du dir mehr Liebe zugestehen, liebevoller mit dir selbst umgehen, würde in dem Maß auch dein Hunger nach Bestätigung durch andere Menschen zurückgehen.«

»Das leuchtet ein.«

»Das *ist* so.«

»Und wie kann ich diese Liebe mir selbst gegenüber leben?«

»Lerne, achtsam gegenüber den Bedürfnissen deines Herzens und deines inneren Kindes zu sein. Du vernachlässigst beide zugunsten des Intellekts, der hauptsächlich dein Handeln und deinen Tagesablauf bestimmt. Wie oft fragst du dein Herz, was ihm Freude bereitet?«

»Nicht so oft ...«

»Du könntest direkt fragen: *Mein Herz, was möchtest du? Was würde dich jetzt erfreuen?* Probiere aus, inwieweit es dir hilft, wenn du dein Herz direkt ansprichst. Sonst kann sich der Intellekt allzu leicht einmischen. Und auf dieselbe Weise widme dich auch dem Kind in dir – es ist der Teil in euch, der wesentlich zu eurer Lebensfreude beiträgt, und es tut niemandem gut, diesen Aspekt in sich zu übergehen.«

»Das innere Kind trägt also zur Lebensfreude bei?«

»Ja, ganz wesentlich. Auch diesen Teil in dir könntest du direkt ansprechen, etwa so: *Mein inneres Kind, was würde dich heute begeistern?*«

»Das sind gute Fragen …«

»… aber es nützt nur, wenn du sie auch wirklich stellst. Konsequent. Jeden Tag. Mach es dir zur Gewohnheit, jede dieser Fragen mindestens einmal am Tag zu stellen und die Antwort auch bestmöglich umzusetzen. Das ist ein Weg zur Ganzheit. Ihr habt euch angewöhnt, intellektgesteuert zu leben, ja, euer Leben dem Intellekt zu unterwerfen. Der Intellekt ist aber nur ein Teil von euch, und beileibe nicht der wichtigste. Im Vergleich zur Größe eures wahren Selbst ist der Intellekt nur ein schwach glimmendes Licht. Verlasst euch also, wenn ihr nach der Wahrheit sucht, nicht auf dieses schwache Licht, sondern wendet euch der Sonne zu – und dies ist eure Seele. Sie kennt die Wahrheit, nicht der Verstand. Der Verstand hat sich nur eine eigene Welt konstruiert, innerhalb der er durch Vergleichen, Betrachten und Beweisführung sich selbst zu bestätigen sucht. Betrachtet ihr jedoch die Welt durch die Augen eures großen Selbst, fällt das Kartenhaus, das sich der Verstand gezimmert hat – der individuelle wie auch der kollektive menschliche Verstand und die daraus erschaffene Welt in der Welt –, zusammen, und das Wahre taucht auf.«

»Die physische Welt fällt ja nicht wirklich zusammen …«

»Lass es mich so sagen: Die materiell-physische Welt besteht weiterhin, aber du bist aus der Illusion ausgestiegen. Nun kannst du die Illusion [Anmerkung: das Leben in der physischen Welt] nutzen, in ihr sein, ohne jedoch in ihr gefangen zu sein. Das ist dann wie Achterbahnfahren in einem Vergnügungspark – du *weißt*, dass du Achterbahn fährst.

Im gewöhnlich-unbewussten Zustand weiß der Mensch das nicht, er klammert sich am Sitz fest und erfährt die Höhen des Lebens mit Vergnügen und die Tiefen mit Schrecken. Er erfährt dieses In-der-Achterbahn-Sitzen als den Normalzustand seines Lebens. Er weiß nicht einmal, dass es auch anders sein könnte, denn alle anderen Menschen – die meisten zumindest – erleben es ja auch so.

Würden sie jedoch Zugang zu ihrer Seele finden, würde Erkennen stattfinden, und dann könnten sich die Menschen lachend über die Höhen und Tiefen des Lebens erheben, statt davon mitgerissen zu werden. Es ist die Frage, inwieweit ihr den Wunsch und die Bereitschaft habt, auf euer wahres Selbst zu hören, statt dem egogesteuerten Verstand und seinen Anhaftungen, Begierden und Ängsten zu folgen.

Zurück zu deiner ersten Frage: Kannst du etwas falsch machen? Nun, es hängt davon ab, aus welcher Perspektive du es betrachtest. Aus meiner Perspektive der Einheit ist es unmöglich, etwas falsch zu machen, da die Erfahrung des Lebens, des Im-Körper-Seins und die damit verbundenen Erfahrungen ja genau das sind, was Gott in dir erleben will.«

»Ist das nicht etwas zu einfach?«

»Ihr seid es, die es kompliziert macht. Es ist einfach. Gott lebt in der Form, drückt sich aus durch die Form, und was ihr daraus macht, ist eure Sache. Gott richtet nicht, ihr seid es, die richtet.

Natürlich gibt es in der materiell-physischen Welt bestimmte Gesetze – wie Menschlichkeit, Achtsamkeit oder *Ahimsa*, das Prinzip der Gewaltlosigkeit –, die es zu beachten gilt für ein harmonisches und förderliches Miteinander allen Lebens. Doch wie viele Fehler ihr aus eurer Sicht oder der der anderen auch immer macht, vergesst nie: Gott richtet nicht. Gott liebt. Alle Bestandteile seiner Schöpfung, ausnahmslos.

Also – kannst du etwas falsch machen? Da alles nur Erfahrungen sind, kannst du nichts falsch machen. Die Schwierigkeit liegt in eurer Bewertung. Würdet ihr die Angewohnheit loslassen, alles zu bewerten, zu verurteilen, könntet ihr das Angesicht Gottes viel leichter entdecken, könntet ihr die Wahrheit viel leichter erkennen.

Etwas ›falsch‹ machen, ›Fehler‹ machen, ›versagen‹ resultiert aus der Einteilung in ›Gut‹ und ›Schlecht‹, und das erzeugt Spaltung und Getrenntheit von mir. In der Welt des Absoluten, wo ich bin, gibt es keine Fehler, existiert kein Versagen. Relativiert diese Begriffe, und tauft sie um in ›Lern-Erfahrung‹. Denn das ist es – eine ERFAHRUNG. Das Leben, die Erfahrung des Lebendigseins, setzt sich zusammen aus einer Vielzahl einzelner Erfahrungen, und aus der Sicht des Absoluten sind diese Erfahrungen weder gut noch schlecht. Das Selbst, die Seele kennt weder den emotionalen noch den körperlichen Schmerz des Erdendaseins. Der Seele geht es um Erfahrungen, das ist der Grund, warum ihr hier seid.«

»Also, ich rekapituliere: Fehler und Versagen existieren aus deiner Sicht nicht, weil alles nur Erfahrungen sind, die du jedoch nicht bewertest, und deshalb entziehst du uns auch nicht deine Liebe, wenn etwas schiefgegangen ist.«

»Niemals, geliebte Tochter. *Ihr seid, was ich bin.* Ihr seid Liebe in Form. Wie könnte die Liebe sich selbst zurückweisen? Das ist unmöglich. Liebe IST.

Ihr habt natürlich die Freiheit der Wahl, euch dieser Erkenntnis gegenüber zu verschließen. Es ändert jedoch nichts daran: Ihr seid, was ich bin. Deshalb könnt ihr mich niemals verlieren.«

36

Grenzenlos

Wer sind wir wirklich?

In gesegneten Augenblicken hatte ich bereits erfahren, dass ich nicht auf den Körper begrenzt war. Dann schmolzen die Grenzen zwischen ›mir‹ und dem ›anderen‹ dahin, und Bäume, Erde, See und Himmel wurden zu gefühlten Ausdehnungen meines Seins. Und diese Ausdehnung schien kein Ende zu haben … Es war unendlich befreiend, doch für den Verstand völlig unbegreiflich.

Unmittelbar nach einer solchen Erfahrung fragte ich Gott einmal: »Wo ist meine Grenze, wie weit bin ich?«

Und er antwortete: »So weit, wie du denkst.«

»Also sind es die Gedanken, die mein Sein begrenzen?«

»In der Tat. Wären deine Gedanken grenzenlos, würdest du dich als grenzenlos erfahren. Da es aber nicht in der Natur der Gedanken liegt, grenzenlos zu sein, wird wahre Grenzenlosigkeit jenseits der Gedanken erfahren.«

Eines Tages konnte ich im Rahmen einer solchen Ausdehnungserfahrung ›sehen‹, dass wir Menschen in mehreren Dimensionen zugleich existieren – in der herrlichen, grenzenlosen, allumfassenden Welt der Seele, welche Einheit mit allem erfährt, und in der naturgemäß begrenzten Welt des Körpers, der Sinne und des Verstandes – die Welt der Dualität.

Ich sah, dass die Begierden, Leidenschaften, Wünsche und Ängste des Egos eine Art zähe, graue ›Wolke‹ bildeten, die mit dem Körper verbunden war, und dass die *Identifizierung* mit Gedanken, Begierden und Ängsten dazu führt, dass wir augenblicklich in die begrenzte Sichtweise des Egos verstrickt werden, statt die grenzenlose Dimension unseres wahren Seins zu erfahren.

Obwohl ich bereits die Erfahrung des Einsseins gemacht hatte und wusste, dass eine größere, umfassendere Wahrheit existiert, musste ich feststellen, dass ein intensives Gefühl, wie etwa die Erinnerung an ein schmerzhaftes Erlebnis in der Vergangenheit genügte, um mich in Sekundenschnelle in die verstrickte Sichtweise des Egos zurückzubefördern. Doch wie war es möglich, mich nicht mehr davon einfangen zu lassen, um stattdessen das grenzenlose Sein zu erfahren?

»Um die Identifikation mit Vergangenem loszulassen, erkenne: Aha, es ist eine Geschichte«, bemerkte Gott. »Eine Geschichte, die sich abgespielt hat. Doch du bist sie nicht. Sie existiert nur in Gedanken. Könntest du nicht denken, dich nicht erinnern, wäre diese Geschichte nicht existent.«

»Aber die Erfahrung ist vielleicht in meinen Körperzellen gespeichert.«

»Du bist auch nicht dein Körper. Der Körper mag Blessuren davontragen, doch was du wirklich bist, bleibt davon unberührt. Die Frage ist nur, inwieweit du dich mit dem Körper identifizierst.«

»Und wenn eine Erfahrung irgendwo in den Gefühlen gespeichert ist und die plötzlich auftauchen?« Hinterließ nicht jedes Drama, ebenso wie jede Erfahrung eines Hochs, irgendwo in unserem Sein seine Spuren?

»Du bist auch nicht die Gefühle. Du kannst beobachten, wie sie kommen und gehen, doch was du wirklich bist, ist unberührt davon. Erkenne: Der Körper existiert, Gefühle und Gedanken ziehen hindurch, doch du bist von all dem unberührt. Das eigenständige Ich ist eine Einbildung, geschaffen aus Gedanken und damit verknüpften Gefühlen. Um in dieser Welt zu funktionieren, habt ihr es euch angewöhnt, euch in dieses kleine, begrenzte, illusionäre Ich zurückzuziehen, um von dort aus die Welt zu betrachten.

Ihr könntet aber auch die Wahl treffen, unbegrenzt zu sein, als un-begrenzte Wesen in einer Körperform zu leben, die euch freilich gewisse physische Grenzen auferlegt, und die Identifikation mit der Begrenztheit einfach loszulassen. Wie geschieht das? Es geschieht durch Erkennen. Und dieses Erkennen ereignet sich unvorhersehbar, es ist nicht möglich, es zu erzwingen.«

Das eigenständige Ich ist eine Einbildung … Ich schwieg eine Weile und dachte nach. Wer handelt dann, wenn wir nicht das Ich sind? Wer unterhält sich mit Gott, wer bewegt die Hand und streicht sich die Haare aus der Stirn? Wer empfängt Inspirationen und Impulse, setzt sie um, schreibt, erschafft, malt Bilder, baut Häuser …?

Es konnte nur eine größere Instanz sein. Der Körper führt die Handlungen aus. Sind Körper und Verstand – richtig »eingestellt« – in Wahrheit eine Empfangs- und Ausdrucksstation, ein Instrument für das Göttliche? Dann würde diese Instanz, das All-Eine, alles lenken …

»Ob ihr es erfahren habt und fühlt oder nicht, wisst: Das, was ihr wirklich seid, sind weder die Gedanken noch die Gefühle, noch der Körper, sondern es ist etwas *jenseits* davon, etwas Ewiges, Allumfassendes, das allerdings den Körper durchdringt«, erklärte Gott. »Und dieses Ewige, Allumfassende ist mit der gesamten Schöpfung verbunden und darüber hinaus mit dem Nicht-Sein, es umfasst alles. Im Zustand des Ausgedehnt-Seins wisst und erfahrt ihr dies.

Doch um euren alltäglichen Geschäften nachzugehen, was auch immer das ist, zieht ihr euch (und die meisten permanent) in das kleine, begrenzte, illusionäre Ich zurück und betrachtet von dort die Welt …«

»Ist es denn möglich, in dieser Welt ›normal‹ zu funktionieren *und* sich dieses Ausgedehnt-Seins bewusst zu sein, unseres wahren Selbst? Müssen wir uns nicht in die Identifikation mit Körper, Beruf, Rolle, Aufgaben etc. zurückziehen, um zu überleben?«

»Nein. Ihr könnt bestens leben und euren Geschäften nachgehen, welche auch immer das sind, und gleichzeitig wissen, dass ihr mehr seid als das. Ihr könnt diese Erfahrung machen – die Arbeit im Büro, die Hausarbeit, die Gartenarbeit – und dabei wissen, dass ihr nicht darauf beschränkt seid. Ihr könnt es fühlen – es ist das

Gefühl der Verbundenheit mit etwas weit Größerem, Heiligem, wenn ihr so wollt, mit etwas, das all eure Grenzen sprengt und euch augenblicklich grenzenlos werden lässt – weil es das ist, was ihr wahrhaft seid.

Lasst euch also weder von den Gedanken noch von den Gefühlen noch von der Körperform irreführen. Erfahrt das Denken, die Gefühle, den Körper und euer Alltagsleben in dem Wissen, dass ihr nicht darauf begrenzt seid, dass ihr *mehr seid als das*. Ihr erfahrt es lediglich.

Aus diesem Bewusstsein heraus könnt ihr auch die Vergangenheit als eine Geschichte betrachten. Eine Geschichte. Es ist einfach nur deine Wahl, ob du dich mit einer Geschichte identifizieren willst, die dann zu »deiner« Geschichte wird, oder ob du es vorziehst, sie loszulassen und deine Grenzenlosigkeit zu erleben. Nichts davon ist gut oder schlecht.«

»Also gut. Die Antwort auf die Frage: *Wer bin ich?* – wenn ich weder die Gedanken noch die Gefühle, noch der Körper bin, auch nicht meine Vergangenheit oder eine Rolle – wäre Grenzenlosigkeit?«

»So könnte man es nennen.«

»Wie nennst du es?«

»Reines, grenzenloses Sein. Nichts. Leere. Allumfassendes Sein ...«

»... Liebe?«

»... das Liebe, Lachen, Freude, Frieden und *alles* andere umfasst. Aus diesem Alles-Umfassen erwächst jener grenzenlose Frieden, den eure Heiligen und Mystiker vielfach gepriesen haben.«

Grenzenloser Frieden. Genau danach hatte ich mich zutiefst gesehnt.

37

Tornado und Ekstase

Eines Morgens sann ich darüber nach, dass ich mich auf eine gewisse Weise noch immer von Gott getrennt fühlte. Ich war hier, Er irgendwo ›dort‹, außerhalb – so hatte ich es bisher betrachtet. Wir unterhielten uns, und dabei blieb eine Getrenntheit, eine Dualität bestehen – vielleicht aufgrund des Respekts, den ich ihm entgegenbrachte, oder der Heiligkeit, die diese Begegnungen für mich hatten.

War ich ein kleiner Teil, ein Ausdruck von Gott, neben all den anderen, milliardenfachen Formen der Schöpfung? Das erschien mir zwar logisch, doch dabei fühlte ich mich immer noch von Gott getrennt. Oder … gab es vielleicht gar keinen Unterschied?!

Diese spektakuläre Idee war plötzlich aus dem Nichts aufgetaucht.

›Aber das hieße ja dann, dass Gott und ich eins sind …?‹ Eine erschütternde und faszinierende Vorstellung …

›Blasphemie!‹, warf das Ego sofort entrüstet ein. Es sperrte sich gegen die Idee, eins mit Gott sein zu können, trug es doch noch das althergebrachte Bild eines sündigen, von Gott getrennten Menschen in sich. Und deshalb hatte ich Gott, die Erlösung oder Erleuchtung stets im Außen gesucht.

›Doch was wäre, wenn das ein IRRTUM ist?‹, schoss es mir durch den Kopf. Wenn Einssein mit Gott *wirklich* möglich wäre – doch auf eine völlig andere Weise, als ich bisher geglaubt hatte? Wenn der Irrtum des Egos bisher verhindert hatte, dass ich Gott *in mir selbst* erkennen konnte?

Was wäre, wenn Gott in mir selbst lächelt?

»*Es gibt nichts, wo ich nicht bin*«, hatte Gott in all den vorangegangenen Gesprächen wiederholt betont. In letzter Konsequenz würde das bedeuten, dass er überall ist, also auch *in* mir.

Schlagartig erinnerte ich mich, wie mir eines Tages eine strahlende, goldene Lichtessenz gezeigt worden war, die das Innerste aller Materie durchdrang: Erdboden, Steine, Pflanzen, Tiere, ja sogar meine Körperzellen waren davon erfüllt, selbst die Sterne, das Universum – alles war von diesem goldenen Licht durchdrungen. Ein anderes Mal sah ich, dass auch der Raum *zwischen* den Atomen der Materie von diesem tanzenden Licht erfüllt war, sowohl im Außen, wie auch in meinem Körper. Alles, selbst der Zellzwischenraum war davon durchdrungen. Es gab schlichtweg nichts, keinen Raum im Innen und im Außen, wo diese Essenz nicht war. Und diese Essenz war – Er selbst.

Damals, nach jenem atemberaubenden Einblick fehlte mir jedoch der Mut, die letzte Konsequenz daraus zu ziehen – zu ungeheuerlich schien mir die unweigerliche Schlussfolgerung – dass das Heiligste auch in mir selbst wohnt. Stattdessen verdrängte ich diese Erfahrung und fuhr mit dem vertrauten Muster fort, Gott überall im Außen, außerhalb von mir selbst zu sehen. Diese Sichtweise war mir so vertraut, dass es mir lange Zeit nicht möglich war, etwas anderes zu akzeptieren, ungeachtet aller anders gearteten Hinweise in unseren Gesprächen. Doch nun war der Zeitpunkt gekommen, den Tatsachen unmittelbar ins Auge zu blicken.

Wenn Gott wahrhaft alles ausfüllt, wer bin dann ich?

In diesem einen Moment erkannte ich die illusionäre Natur des ›Ich‹ zutiefst. Dieses Erkennen hatte die Qualität eines inneren Tornados, der mit einem Schlag alles radikal hinwegfegte.

Das ›Ich‹ war also eine Geschichte?

Und wer erkannte das dann gerade?

Gott lachte.

»Wie wirklich ist dieses ›Ich‹?«, fragte ich zaghaft.

»Es ist nur so wirklich, wie du es dafür hältst«, antwortete Gott.

»Und wenn ich nicht mehr daran glaube?«

»Dann tritt die Wahrheit hervor. Die übrigens immer da war, nur konntest du sie nicht erkennen, weil du in deine persönliche Geschichte verwickelt warst.«

»*Das* also ist der Schleier. Wow.«

Das Ego selbst war der Schleier, der zwischen uns und Gott steht. Und: Es ist nicht wirklich, sondern nur eine Gedankenschleife voller Konzepte, ein virtueller ›Vorhang‹ vor Gott. Doch manchmal, wenn die Gedanken schweigen und innere Stille eintritt, wird das Wahre spürbar, greifbar und erfahrbar …

»Ihr habt die Wahl, an den Schleier zu glauben oder die Wahrheit entdecken zu wollen. Und nichts davon ist gut oder schlecht, falsch oder richtig. Es hängt nur davon ab, wie stark euer Wunsch nach Wahrheit wirklich ist«, meinte Gott. »Das trägt euch jenseits des Schleiers. Und dann könnt ihr euch hinsetzen und lachen, wie du gern sagst.«

»Das muss ich erst einmal verdauen. Es ist überwältigend.«

»Du hast alle Zeit der Welt.«

»Dann stimmt es also: Gott lacht, Gott weint, Gott lächelt *in mir*?«

»Absolut. Das ist übrigens auch mit dem Ausdruck gemeint: *Ich bin euch näher als euer Atem* oder *als eure Halsschlagader*, wie es in einem bekannten Buch geschrieben steht. [Anmerkung: Koran]«

»Es ist so direkt, so unmittelbar, wir tragen es die ganze Zeit mit uns herum. Es ist vor unseren Augen, wohin wir auch blicken, und doch sehen wir es nicht. Es ist verrückt!«

»Sehen ist nur möglich, wenn die Schleier fort sind. Dann findet Erkennen statt. Dann erkennt ihr mich in allem, erkennt, dass ich immer da war und immer da sein werde, in jedem Staubkorn, das existiert, wie auch in der Leere, die alles enthält.«

»Dann stimmt es also: Wir atmen tatsächlich mit jedem Atemzug dich – Gott – ein …« Ich schwieg eine Weile, um die volle Tragweite dieser Erkenntnis auskosten zu können.

»Du hast gesagt: *Es gibt nichts, wo ich nicht bin*«, überlegte ich voller Begeisterung. »In dem Wasser, das ich eingieße, in dem Glas, das ich halte, in der Hand, die das Glas hält … Oh, das ist fantastisch! Warum suchen wir dann überhaupt nach dir?«

»Das Suchen im Außen ist eine Angewohnheit, die euch von euch selbst weggeführt hat. Würdet ihr in eurem Inneren suchen, wäre Erkennen viel schneller möglich.«

Während des Gesprächs erlebte ich das herrliche Gefühl, mitten in der Welt angekommen zu sein, und große Erleichterung. Weil die Suche ein Ende hatte und weil ich nun alles lieben konnte, was existierte – denn in allem lachte mir Gott entgegen.

Mit der Geschwindigkeit einer Lawine breitete sich die Erkenntnis weiter in mir aus: Jede Türklinke, die ich anfasse, jeder Schritt, mit dem ich den Boden berühre – Gott. Alles, was ich anfasse – Gott. Das, was anfasst – ebenso Gott. Es war überwältigend.

Dieses Erkennen geschah jenseits der intellektuellen Ebene als ein durchdringendes bewusstes Erleben und tiefste Gewissheit.

»Erkennst du jetzt, warum ich so oft betont habe: Seid berührbar?«, fuhr Gott fort. »Im Berührbar-Sein könnt ihr mir begegnen, könnt ihr mich erfahren, und dann gehen euch die Augen auf. Mit jedem Berührt-Werden ein wenig mehr, bis schließlich alle Schleier fort sind und wahres Sehen stattfindet, so wie bei dir jetzt.«

»Es ist so gut, ein so sattes Gefühl.« Satt war die beste Beschreibung: Jeglicher Durst, jegliche Sehnsucht war mit einem Mal ausgelöscht. Stattdessen ruhte ich zutiefst zufrieden in mir und hatte zugleich das wunderbare Gefühl, die Welt wie noch nie zuvor aus ganzem Herzen umarmen zu können. Eine Zeit lang schwelgte ich einfach nur darin.

Dann tauchte plötzlich der eigenartige Gedanke auf, ob ich überhaupt bereit war, die Sehnsucht nach Gott, die mich so viele Jahre lang angetrieben hatte, für immer aufzugeben, um nun das neue, köstliche Gefühl des In-Gott-Ruhens zu erfahren und eine Nähe zu erleben wie niemals zuvor? Immerhin war die Sehnsucht Auslöser der Begegnung mit Gott gewesen … Ich verlor mich ein wenig in Gedanken und erschrak – hatte ich durch mein Abschweifen nun die Verbindung mit Gott wieder verloren?

»Ich bin nicht fort«, erwiderte Gott beruhigend. »Ich bin da, in allem – unzerstörbar, immer, ewig. Es kommt darauf an, worauf du deine Aufmerksamkeit richtest. Erlaube dir anzukommen, in mich einzusinken.«

Es war eine umwälzende Erfahrung. Mir war, als ob alle vorigen Gespräche und Erfahrungen dazu gedient hatten, Schicht für Schicht mein Bewusstsein zu durchdringen, damit ich nun endlich an diesen Punkt gelangen konnte. Ich erfuhr, dass zwischen dem intellektuellen Begreifen einer Wahrheit, so wegbereitend es vielleicht auch sein mag, und dem unmittelbaren Erfahren ein himmelweiter Unterschied besteht – etwa vergleichbar mit dem Wissen, dass es Erdbeeren gibt, und dem Schmecken des köstlichen Aromas von Erdbeeren …

*

»Wenn wir nicht mehr nach dir suchen, worin besteht dann der Sinn unseres Lebens?« Immerhin hatte diese Suche viele Jahre lang ganz wesentlich mein Dasein bestimmt …

»Du kennst die Antwort doch: Freude. Reine Freude am Sein«, antwortete Gott.

»Das Dasein umfasst doch auch solche Erfahrungen wie Traurig-Sein und Sterben, die wir als sehr schmerzhaft empfinden …«

»Der Schmerz entsteht durch die Bewertung. Würdet ihr damit aufhören, Erfahrungen zu bewerten, dann würdet ihr die Erfahrung nur als reine Erfahrung empfinden und erleben. Sie wäre weder gut noch schlecht, es wäre einfach eine Art, wie das Sein sich manifestiert. Dann entsteht Raum für den Frieden, der jenseits aller Worte ist.

Die Freude liegt darin zu erkennen, dass alles ein Ausdruck der Schöpfung ist, in der selbst Nicht-Existenz ihren Raum hat; dass Ewigkeit und Unendlichkeit das Spielfeld sind, in dem Schöpfung, Werden und Vergehen stattfinden.«

»Danke. Ich möchte gern noch etwas klären: Aufhören zu bewerten bedeutet aber nicht Nicht-Handeln, also beispielsweise zuzulassen, wie jemand misshandelt wird, obwohl man eingreifen könnte?«

»Handeln, wenn Handeln angemessen ist, Leiden lindern, wenn ihr dazu beitragen könnt«, gab Gott zurück. »Das Göttliche zu erkennen ist untrennbar mit der Fähigkeit verbunden, Liebe zu empfinden. Daraus erwächst eine natürliche Art, eurer Mitschöpfung – der Natur, den Menschen, den Tieren, den Pflanzen, der Erde – Achtung und Respekt entgegenzubringen, liebevoll damit umzugehen.

Ja, und es stimmt: *In euch lacht Gott, in euch schweigt Gott.* Wo sonst? Ihr findet mich in der gesamten Schöpfung sowie in der Leere, denn es gibt nichts, was ich nicht bin, nichts, wo ich nicht bin.«

»Haben wir schon über Atombomben gesprochen?« Ich dachte an das entsetzliche Leid, das damit verbunden war.

»Ich bin jenseits von Erschaffen und Zerstören, oder man könnte auch sagen: Erschaffen und Zerstören sind ein Teil von dem, was ALLES ist. Nichts geht verloren. Leid entsteht, wenn eure Perspektive verzerrt ist, wenn ihr in Getrenntheit denkt und handelt. Findet ihr jedoch in die Einheit zurück und entfaltet sich in euch die Liebe, die damit verbunden ist, hört alles Leiden auf.«

»*Alles* Leiden?«

»Das Leiden, das ihr selbst verursacht.«

»Also gibt es Leiden, das wir nicht selbst verursachen?«

»Es gibt Gesetze in der Welt der Materie wie Werden und Vergehen, denen die körperliche Form unterworfen ist. Krankheit und Gesundheit sind Gegensätze, die in der Welt der Form existieren. Doch was ihr wirklich seid, hängt nicht an der Form – es ist ewig und unzerstörbar.«

»Reine Energie?«

»So könnte man es ausdrücken, wobei ›Energie‹ wieder nur ein Konzept ist, das ihr erfunden habt. Die Ewigkeit ist für den Verstand nicht fassbar, ebenso wenig wie die Unendlichkeit. Ihr benutzt Worte, um etwas zu beschreiben, das mit Worten nicht zu beschreiben ist.

Wie wäre es, wenn du dich jetzt damit befasst, dass ich dir schlichtweg in allem begegne? Dass ihr nicht irgendwo in der Ferne suchen müsst oder in irgendwelchen metaphysischen Konzepten, sondern dass alles viel einfacher ist:

Hier und Jetzt:
In jedem Atemzug,
in jedem Schritt,
in jeder Träne,
in jedem Lächeln
findest du mich.
Hier und jetzt.
Genau hier,
genau jetzt.
In jedem
Atemzug.

»Das ist wunderschön.« Es war so einfach. Und doch …

»Kannst du uns noch etwas mitgeben, das uns hilft, in dieses direkte In-dir-verankert-Sein zu finden, wenn wir wieder einmal abschweifen?«

»Sehen, ohne zu denken. Hören und fühlen, ohne zu analysieren. Nur die direkte, lebendige Erfahrung. Und du erkennst: Ich bin IMMER da. Ich bin in dir und überall«, antwortete Gott.

38
Eins

Ich bin in dir und überall …

Wenn Mensch und Gott in Wahrheit eins sind, was war dann der Antrieb, der uns auf die Suche nach dem Göttlichen schickt, jene unerklärliche Sehnsucht?

»Was ist die Instanz in uns, die sich nach dir sehnt, die deine Nähe sucht?«

»Ich bin es selbst. Ich suche mich selbst zu erkennen durch die Form, die ich angenommen habe – als Mensch und als alle anderen Formen der Schöpfung. Und wenn dieses Erkennen im Leben eines Menschen geschieht, ist es der größte, herrlichste und heiligste Augenblick. In einem solchen Moment steht die Welt still, weil ein Mensch das gesamte Universum umarmt. Und dann lacht das gesamte Universum mit ihm, schweigt das gesamte Universum mit ihm in der Erhabenheit des Moments, in der ekstatischen Freude, dem absoluten Frieden oder der absoluten Stille, die dann erfahren wird. Dann ist dieser Mensch für immer verändert, weil er die Wahrheit erfahren hat.«

»Aber solche Momente können auch wieder vergehen …?«

»Die Wahrheit vergeht niemals. Einmal erweckt, wird sie sich in dir ausbreiten, wachsen und manchmal sanft, manchmal stürmisch dein gesamtes Sein erinnern. Bis schließlich nichts als Wahrheit bleibt, bis alle Illusionen durchschaut werden und das Leben als das erfahren wird, was es ist: eine unglaubliche, einzigartige Erfahrung des wahrhaft grenzenlosen EINEN, das sich in die Form begeben hat. Es ist sowohl in der Form als auch im Formlosen, und alles ist eins.«

Wir sind grenzenlos.

Wir Menschen sind sowohl in der Welt der Dualität als auch in der Welt der Einheit zu Hause, sowohl im Menschlichen als auch im Göttlichen. Und indem wir beides in uns umarmen und annehmen, verwirklichen wir unser höchstes Potenzial.

… und denk daran:

Wo

auch immer

du bist,

bin ich.

(Gott)

PRAKTISCHE ANLEITUNGEN

Hinweis: Die folgenden *Praktischen Anleitungen* sind keine Voraussetzung, um Gott erfahren zu können. Sie können jedoch hilfreich sein, um die eigene Bewusstheit weiterzuentwickeln.

15 Schritte ins Paradies

Ein Leben im Kontakt mit der Göttlichen Quelle erfordert Bewusstheit und Achtsamkeit, um die eigene Fähigkeit der Wahrnehmung der göttlichen Führung auszubilden und aufrechtzuerhalten. Dabei können folgende Ansätze hilfreich sein.

1. Hören Sie auf Ihr Herz

Hören Sie auf Ihr Herz, denn es schlägt im Gleichtakt mit dem Göttlichen. Durch Ihr Herz flüstert Ihre Seele, flüstert Gott. Lauschen Sie wieder und wieder nach innen. Bereits diese Absicht wird Ihr Bewusstsein mehr für die Wahrnehmung der Botschaften Ihres größeren Selbst öffnen. Tun Sie, was Ihr Herz Ihnen eingibt, was auch immer andere Menschen darüber sagen mögen. So bleiben Sie in Verbindung mit einer größeren Dimension Ihres Seins.

ZITATE AUS DEM TEXT:

»Das Herz hat die Fähigkeit, euch die verborgene Wahrheit zu enthüllen, die ›Dinge hinter den Dingen‹ zu sehen. Über euer Herz seid ihr verbunden mit der größten Kraft – dem Vater, dem reinen Sein, der Liebe.«
»Wenn die Tür deines Herzens weit geöffnet ist, kannst du die Stimme Gottes einfach besser vernehmen. Du und Gott seid dann eins.«

2. Folgen Sie Ihrer inneren Führung

Lauschen Sie mit höchster Achtsamkeit Ihrer inneren Führung, und folgen Sie ihr *bedingungslos* (auch wenn Sie sich zu Beginn vielleicht ein paar Mal irren). Es braucht ein wenig Übung und viel Aufmerksamkeit, um die Argumente des Ego-Verstandes von den Hinweisen der göttlichen Führung unterscheiden zu lernen.

Gewöhnen Sie sich an, selbst bei kleinen, alltäglichen Handlungen der inneren Führung zu folgen, selbst wenn Ihr Verstand es nicht versteht oder sogar etwas anderes will. So kann die göttliche Quelle Sie leiten.

3. Schaffen Sie Raum für stilles SEIN

Aus dem reinen Sein entspringt alles Verstehen, entspringen Weisheit und schöpferische Inspiration. Aus dem Sein entspringt der Fluss, der Sie auf Ihrem Weg mühelos voranträgt.

Der Verstand will immer etwas *tun*, er ist nicht im Sein verwurzelt. Räumen Sie sich genügend Zeit zum Nichtstun ein – gedankenfreie Zeit, in der Sie dem Klang des Seins lauschen, ohne etwas zu tun und ohne etwas zu denken. Sie können Ihre Zeit kaum wertvoller einsetzen.

Tauchen Sie ein ins reine Sein. Dort finden wahres Sehen und wortloses Verstehen statt, dort existiert ein Frieden, der nichts hinterfragt. Das ist der Nährboden, aus dem das Glück wächst wie eine schöne Blume.

4. Kosten Sie gesegnete Momente aus

Alles ist vergänglich in dieser Welt, und jeder Moment ist einzigartig. Indem Sie sich vertrauensvoll und unschuldig wie ein Kind dem Augenblick hingeben, kann das Sein Sie verzaubern. Nehmen Sie sich die Zeit, Blumen, Regenbogen, Schmetterlinge, Sonnenuntergänge und die Gegenwart geliebter Menschen bewusst und tief zu genießen. Staunen Sie und erfreuen Sie sich daran, bis Sie sich sattgesehen haben und trunken sind von den Eindrücken. Das ist der Nektar der Seligkeit – Leben, das sich in seiner vollen Schönheit und Lebendigkeit vor Ihren Augen entfaltet.

5. Beobachten Sie die Gedanken

Wenn Sie die Aktivität des Verstandes aufmerksam beobachten, werden Sie bemerken, dass fast ständig Gedanken in Ihrem Bewusstsein auftauchen, etwa: »Wie schön doch das Konzert gestern Abend war«, »Ob es heute wohl noch regnen wird?«, »Ich habe noch so viel zu tun, ich muss unbedingt noch XY anrufen« etc.

Beobachten Sie auftauchende Gedanken, ohne sie zu verurteilen, denn jede Verurteilung bindet Sie an die Ebene der Dualität. Nehmen Sie die Gedanken einfach nur interessiert wahr, etwa so, wie Sie vorüberziehende Wolken betrachten. Durch schlichtes, urteilsfreies Beobachten bleiben Sie *Zeuge* der auftauchenden Gedanken, statt sich mit ihrem Inhalt zu beschäftigen und dabei unbewusst zu werden.

Sobald Sie feststellen, dass Sie Ihre Gedanken tatsächlich beobachten können, werden Sie realisieren, dass Sie nicht Ihre Gedanken sind. Denn wie können Sie etwas sein, das Sie beobachten können? Daraus ergibt sich die nächste Frage: *Wer sind Sie, wenn Sie nicht Ihre Gedanken sind?*

Sie können sich zur weiteren Ergründung auch fragen: *Wer denkt das? Ist es das reine Sein?* Forschen Sie nach. So bleiben Sie bewusst.

Das Denken ist zwar ein erstaunliches Geschenk, und der Verstand ist zweifellos zu Großartigem fähig. Dennoch kann der Verstand die absolute Wahrheit nicht erfassen, denn sie liegt jenseits der Gedanken. Das Denken bewegt sich auf der Ebene der Dualität. Gedanken sind deshalb nicht schlecht – sie sind einfach nur nicht die ganze Wahrheit, sie sind immer nur relativ.

Das Absolute, Wahre finden Sie *jenseits* der Gedanken.

6. Beobachten Sie die Gefühle

Als aufmerksamer Beobachter werden Sie feststellen, dass eine Vielzahl an Emotionen in Ihnen aufsteigt und wieder vergeht: Freu-

191

de, Zweifel, Enttäuschung, Gelassenheit, Begeisterung, Langeweile …

Währenddessen existiert in Ihnen eine wissende Instanz, die davon unberührt bleibt – ja, mehr noch, die mit einer Art liebendem Gleichmut betrachten kann, was auch immer geschieht – im Innen wie im Außen.

Emotionen aufmerksam wahrzunehmen hilft, bewusst zu bleiben, statt sich mit dem Inhalt der Emotion zu identifizieren. Diese Bewusstheit ist das Tor zu einer größeren Wahrheit und einem tieferen Frieden.

Eine ausführliche Anleitung hierzu ist im hinteren Abschnitt *Gefühle – Pfade zur Wahrheit* beschrieben.

7. Nehmen Sie Geschenke an

Überbringt das Leben Ihnen ein Geschenk – indem jemand Sie einlädt, Ihnen ein ehrliches Kompliment oder ein liebevolles Präsent macht –, empfangen Sie es mit offenen Armen, danken Sie und freuen Sie sich darüber. Die Quelle des Seins hat *Ihnen* dieses Geschenk vor die Füße gelegt, hat Sie ausgewählt, und Gott weiß, was er tut. Vertrauen Sie darauf. Genießen Sie die Geschenke, die das Leben Ihnen macht. Die Quelle irrt sich nie bei der Auslieferung. Danken Sie, lieben, lachen und genießen Sie so viel wie möglich, und geben Sie dem, was Sie nicht wollen, keine Aufmerksamkeit. Dann kann das Leben Sie verwöhnen.

8. Seien Sie gegenwärtig

In der Gegenwärtigkeit liegt ein großer Schatz verborgen. In dem Moment, wo wir mit der gesammelten Aufmerksamkeit im Jetzt sind, tauchen wir ein in das reine Sein. Dann ist tiefster Frieden spürbar, selbst in der einfachsten Handlung.

Um gegenwärtig zu sein, richten Sie Ihre Wahrnehmung auf das Hier und Jetzt: Fühlen Sie, wie die Luft beim Atmen durch Ihre

Nase ein- und ausströmt. Hören Sie bewusst die Geräusche der Umgebung. Riechen Sie die Gerüche. Spüren Sie bewusst die Teetasse oder das Wasserglas in Ihrer Hand. Wenn Sie etwas essen – spüren Sie bewusst die Konsistenz und das Aroma. Sehen, lauschen, fühlen Sie, *ohne* es zu benennen oder zu kommentieren. Dann sind Sie automatisch gegenwärtig. Und dort, in der Gegenwart, können Sie den Frieden des reinen Seins erfahren.

9. Sprechen Sie mit Gott

Jeder Mensch ist einzigartig, daher gibt es kein Patentrezept, wie und wann der Kontakt mit der göttlichen Quelle zustande kommt. Doch zwei Schlüssel sind für alle Menschen gleich: Sehnsucht nach dem Göttlichen und Hingabe an das Göttliche.

Wenn Sie aus tiefstem Herzen wollen, dass Gott zu Ihnen spricht, wenn das Ihre größte Sehnsucht ist, teilen Sie IHM das mit. Sprechen Sie zu Gott, beten Sie zu ihm, nehmen Sie Kontakt mit ihm auf. Schreiben Sie ihm einen Brief, flehen, schimpfen oder beten Sie, wieder und wieder. Bleiben Sie hartnäckig, und folgen Sie Ihrer Sehnsucht nach IHM. Diese Sehnsucht wird Sie schließlich zum Ziel führen.

10. Handeln Sie aus dem Herzen

Überprüfen Sie Ihre Absichten und Pläne mit Ihrem Herzen: *Ist es liebevoll und wahrhaftig mir selbst gegenüber? Ist es liebevoll und wahrhaftig den anderen gegenüber* (sofern Ihr Vorhaben auch andere Menschen betrifft)? So kommen Sie lästigen Neigungen des Egos, Bequemlichkeit, Angst, manipulativen Motiven etc. auf die Schliche. Wenn die geplante Handlung in Übereinstimmung mit Ihrem Herzen ist, spüren Sie das sofort – es fühlt sich gut und stimmig an. Ein Gefühl von Enge, Druck oder Unwohlsein in der Brust- oder Bauchregion deutet darauf hin, dass die geplante Handlung noch einmal überprüft werden sollte.

Um eine bereits erfolgte, unbedachte eigene Handlung zu korrigieren, kann folgendes Gebet hilfreich sein, sofern es aus tiefstem Herzen gesprochen wird: »*Göttliche Quelle, es tut mir leid. Bitte vergib mir und zeig mir, wie ich es künftig besser machen kann. Danke.*« Auf diese Weise werden Sie immer achtsamer.

11. Nutzen Sie Zeitfenster

Taucht eine spontane innere Eingebung auf – etwa, eine bestimmte Person anzurufen, einen anderen Weg als geplant einzuschlagen oder eine bestimmte Veranstaltung zu besuchen –, setzen Sie diesen Impuls möglichst *umgehend* in dem Vertrauen um, dass eine größere Weisheit Sie lenkt.

Eine Eingebung, ein innerer Impuls ist plötzlich da, und wenn Sie ihm unmittelbar folgen, beginnen sich die Dinge mühelos zu fügen. Häufig existieren dabei sogenannte Zeitfenster, innerhalb derer die Umsetzung eines inneren Impulses am leichtesten gelingt. Allerdings – dies kann bereits nach Minuten, Stunden oder einigen Tagen sein – schließt sich dieses Zeitfenster auch wieder. Inspirationen und Eingebungen sind ähnlich wie Seifenblasen – man muss sie wahrnehmen, bevor sie zerplatzen.

Dabei braucht es sich nicht zwangsläufig um eine Aktivität zu handeln, es kann ebenso der Impuls zum Ausruhen, zum Rückzug aus dem Tun sein, vielleicht, damit eine Botschaft Sie erreichen kann. Wichtig ist die Bereitschaft, inneren Impulsen möglichst zeitnah zu folgen.

12. Lassen Sie Erwartungen los

Nichts macht das Erleben von innerem Frieden so zunichte wie Erwartungen. Erwartungen werden im Verstand geboren, sie wirken fesselnd und begrenzend. Durch Erwartungen fixieren wir uns auf eine einzige Möglichkeit, die wir für ideal erachten, und behindern die Entfaltung des Lebens, denn womöglich könnte sich alles weit vollkommener entwickeln, als wir es für möglich halten.

Ein Beispiel: An einem sonnigen Tag haben Sie sich mit einem Freund im Café verabredet, um seinen Rat für ein wichtiges Projekt einzuholen. Er kommt jedoch verspätet und zudem schlägt er Ihnen vor, lieber einen Ausflug zu machen und erst morgen über die Angelegenheit zu sprechen. Sie spüren nun, wie Sie ärgerlich werden *könnten*, weil Ihr Freund sich weigert, Ihre Erwartungen zu erfüllen. Da Sie jedoch wissen, dass stets irgendwo ein Sinn im Ganzen verborgen liegt, entscheiden Sie sich bewusst dagegen, ärgerlich zu werden, und erklären sich mit dem Vorschlag einverstanden.

Ihr Freund fährt mit Ihnen an einen wunderschönen See. Dort erleben Sie einen traumhaften Sonnenuntergang, der Sie beide zutiefst berührt. Sie fühlen sich so sehr im Frieden mit sich und der Welt wie schon lange nicht mehr. Und ganz beiläufig, während Sie stillverträumt am Ufer sitzen, haben Sie plötzlich eine brillante Eingebung für Ihr Projekt. Und alles, weil Sie dem Fluss des Lebens gefolgt sind …

Erwartungen loszulassen öffnet Sie für die höhere Führung und brillante Lösungen. Und manchmal können sich selbst aus vermeintlichem Pech wundersame Fügungen ergeben.

13. Vertrauen Sie

Gerade, wenn die Dinge anders laufen, als Sie es sich gewünscht haben, ist Annehmen das Einzige, was inneren Frieden zu bringen vermag. Sich gegen die bereits eingetretene Realität zu wehren kostet Kraft. Widerstand vergrößert das Leiden. Hingabe (nicht Resignation) ist ein innerer Prozess des Annehmens und Vertrauens, der widerstandslosen Bereitschaft, das Leben, so wie es sich gerade zeigt, anzunehmen. Diese Haltung verbindet Sie mit Ihrer inneren Quelle der Weisheit.

Unerwartete Ereignisse (besonders dramatische wie ein Unfall, eine Krankheit oder der Tod eines geliebten Menschen) können uns aus der gewohnten Bahn werfen – und dadurch möglicherweise auf eine andere Spur führen, die der Absicht unserer Seele mehr entspricht. Der göttliche Plan ist immer vollkommen, auch wenn das aus der Sicht des Ego-Verstandes ganz und gar nicht so zu sein scheint.

Der Verstand kann jedoch den größeren Plan niemals erkennen und somit auch kein Vertrauen in das Leben und die göttliche Führung entwickeln. Das kann nur das Herz, denn das Herz sieht die Dinge aus einer anderen Perspektive. Das Herz kann da Frieden finden, wo es dem Verstand unmöglich erscheint, denn es ist direkt mit der Quelle verbunden.

Hingabe hat die Qualität von Wasser, das elegant an einem Hindernis vorbeifließt. Hingabe ist der Stein der Weisen, der das Blei des Lebens in Gold zu verwandeln vermag.

14. Umgang mit Wünschen

Es gibt Wünsche, welche die materielle Welt betreffen, und Sehnsüchte, die dem tiefsten Inneren entstammen und auf nicht-materielle Aspekte gerichtet sind (beispielsweise Gott, Wahrheit, Freiheit, innerer Frieden etc.). Überprüfen Sie stets, ob Ihr Wunsch in Übereinstimmung mit Ihrem Herzen ist (ob das so ist, spüren Sie zum Beispiel an einem Gefühl von Freude / Wärme / Weite).

Stellen Sie VERTRAUEN und HINGABE an den göttlichen Plan stets *über Ihre eigenen Wünsche und Pläne.* Selbst wenn der Verstand sich die kühnsten Träume ausmalt, sind sie äußerst begrenzt im Vergleich zu den grenzenlosen Möglichkeiten, welche die göttliche Quelle bereithält. Lassen Sie der Quelle Spielraum, erzwingen Sie nichts. Vielleicht ist der Zeitpunkt für die Realisierung Ihres Wunsches, oder der Wunsch selbst, noch nicht stimmig. Überlassen Sie das WIE und WANN der göttlichen Quelle, die oft die überraschendsten Wege und Lösungen bereithält.

15. Leben Sie Ihre Einzigartigkeit

Die Wege der Menschen sind nicht miteinander vergleichbar. Kein Mensch gleicht einem anderen, ein jeder hat seine individuelle, einzigartige Weise. Ihr Weg ist niemals der Weg eines anderen. Einzig Hingabe an die Führung Ihres Herzens bringt Sie auf IHREN Weg. Folgen Sie dem Ruf Ihres Herzens, was auch immer andere dazu sagen mögen, denn das wird Ihnen tiefe innere Erfülltheit und Zufriedenheit bescheren. Jede Seele hat einen einzigartigen, individuellen Klang, und diesen Klang zu leben schenkt höchste Erfüllung.

Halten Sie an nichts und niemandem fest, außer an der göttlichen Quelle selbst. Denn das ist es, was Sie auch dann noch haben, wenn Sie nichts mehr besitzen – es ist das, was Sie sogar nach dem Tod noch haben werden, und es ist zugleich die Quelle der größten Freude, der größten Freiheit, der größten Liebe und des größten Friedens.

❀ *Übung der Stille*

Diese Übung kann dabei helfen, Zugang zur inneren Wahrheit zu finden, die jenseits aller Worte liegt. Nehmen Sie sich hierfür ungestörte Zeit.

Schließen Sie Ihre Augen, und atmen Sie eine Weile ruhig und bewusst ein und aus. Stellen Sie sich dabei vor, wie mit jedem Ausatmen alle Anspannung durch Ihre Füße in den Erdboden fließt und wie Sie mit jedem Einatmen ›Ruhe‹ in Ihr Herz einatmen.

Spüren Sie, wie sich die Ruhe vom Herzen aus in Ihrem Brustraum und weiter in Ihrem ganzen Körper ausbreitet, bis Sie von Ruhe erfüllt sind …

Stellen Sie sich als Nächstes vor, dass Sie sich an der Oberfläche eines friedlichen Sees befinden. Diese Oberfläche ist Ihr gewohnter, aktiver Wachzustand, dort spielen sich die Gedanken, Gefühle und Handlungen ab. Stellen Sie sich nun vor, wie Sie sich langsam, in Ihrem eigenen Tempo, ganz entspannt hinunter auf den Grund des Sees sinken lassen. Sie sind dabei vollkommen sicher und geborgen, denn dieser gesamte See *sind Sie selbst*. Sie bewegen sich lediglich von der Oberfläche in die Tiefe Ihres eigenen Seins. Sicher, geborgen und entspannt sinken Sie langsam bis zum Grund des Sees. Dort herrscht vollkommene Stille und tiefster Frieden. Spüren Sie diesen Frieden, und gehen Sie darin auf. Sollten Gedanken auftauchen, lassen Sie sie wie Blasen aufsteigen, ohne sie zu beachten.

Verweilen Sie in der Stille, solange Sie möchten, gehen Sie ganz darin auf.

Falls es Ihnen Unbehagen bereiten sollte, sich vertrauensvoll in die Tiefe sinken zu lassen, stellen Sie sich einfach vor, dass Sie sich von der Oberfläche des Sees ausdehnen bis hinunter zum Grund des Sees. Dann nehmen Sie beides wahr – den Frieden am Grund ihres Wesens und die Oberfläche.

Betrachten Sie es als ein Spiel, das Ihnen ermöglicht, eine weitere, sehr tiefe Dimension Ihres Seins zu erfahren.

Variante:

Beginnen Sie auch hier mit bewusstem, ruhigem Atmen. Stellen Sie sich dann vor, dass Sie, ohne sich darin zu verlieren, Ihre noch vorhandenen Gedanken, Sorgen, Wünsche, Gefühle und Ihr gesamtes Ego in einen imaginären Sack stecken (es macht nichts, wenn Sie diesen Sack nicht ›sehen‹ können, Ihre Absicht ist hierbei entscheidend). Wenn Sie fertig sind, schnüren Sie den Sack zu und übergeben ihn Gott oder dem Universum (geben Sie ihn, wenn Sie möchten, nach ›oben‹ ab, auch hier ist wieder Ihre Absicht entscheidend.) Wenn Sie möchten, können Sie dabei sagen: »Bitte, Gott, nimm dies zu dir, ich kann / möchte es nicht mehr tragen, ich gebe das alles in deine Hand.«

Dann, befreit von der Last, geben Sie sich erwartungslos und innerlich still dem Sein hin, ohne irgendetwas zu denken oder zu wollen. Erwarten Sie nicht einmal Gott. Falls Gedanken oder Emotionen auftauchen, geben Sie sie »nach oben« ab.

Seien Sie still, lassen Sie sich in die Stille hineinfallen, von ihr absorbieren, und gehen Sie ganz darin auf.

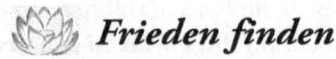 *Frieden finden*

Die tiefe Wahrheit des Herzens schenkt uns Frieden. Hier folgen einige Impulse, die helfen können, in herausfordernden Situationen inneren Frieden zu finden:

AKZEPTANZ: *Alles ist eine Manifestation des Göttlichen.*
Wenn Gott alles ist und es nichts gibt, was nicht Gott ist, gibt es auch keine Erfahrung, die nicht Gott ist. Frieden tritt dann ein, wenn wir das, was ist, annehmen.

HINGABE: *Was auch immer geschieht, ist gut für mich.*
Was jetzt da ist – welche Erfahrung oder Situation auch immer – ist aus einem bestimmten Grund da, der uns auf irgendeiner Ebene dient, auch wenn das Ego das nicht verstehen kann. Gott macht keine Fehler.

ERKENNTNIS: *Bitte, lass mich das Geschenk in dieser Situation erkennen.*
Diese aufrichtige Bitte verbindet Sie mit dem tieferen Wissen des Herzens, das durch alles Leid hindurch schimmert. Das Herz hat die Macht, innere Konflikte zu lösen und selbst im Leid Frieden zu finden.

SEGNEN
Manchmal ist es hilfreich, die gegenwärtige Erfahrung oder Situation zu segnen. Hierbei kann ein einfaches Gebet hilfreich sein, etwa: *Gott / Göttliche Quelle / Christus, bitte segne diese Situation. Segne mich und alle Beteiligten mit Frieden* (oder was auch immer Ihnen richtig erscheint). *Danke.*

All diese Ansätze befreien aus der hinderlichen Verstrickung inneren Widerstandes, aus dem heraus kein Fortschritt möglich ist. Annehmen dagegen ermöglicht das Einnehmen einer größeren Perspektive, schenkt Gelassenheit und große innere Freiheit.

🪷 Gefühle – Pfade zur Wahrheit

Täglich steigt eine Vielzahl unterschiedlicher Gemütsregungen in uns auf. Um sich nicht darin zu verlieren, ist Bewusstheit erforderlich. Zeitloser Frieden ist allgegenwärtig, doch der Schleier aus Gedanken und Gefühlen verhindert, dass wir ihn wahrnehmen können.

Die folgenden Ansätze dienen dazu, diesen Schleier zu lüften.

1. Fragen

Fragen Sie sich: *Wer ist es, der diese Emotion fühlt?* Oder kurz gefasst: *Wer fühlt das?*

Achtung: Beantworten Sie die Frage nicht, indem Sie etwa sagen: »Ich fühle das« oder »Das Ego«. Nein. Rufen Sie die Frage *Wer fühlt das?* in Ihr Inneres hinein, und dann sehen Sie nach, ohne die Idee einer Antwort zu haben …

Alternativ können Sie auch erforschen: *Wo ist der, der dieses Gefühl erlebt? Wo ist der, der diese Erfahrung macht?*

Ebenso können Sie auch der Frage nachgehen: *Wer beobachtet dieses Gefühl?* Oder: *Wer beobachtet das?*

Forschen Sie innen nach …

2. Beobachten

Vielleicht liegt es Ihnen mehr, Gefühle aus der Perspektive eines interessierten Forschers aufmerksam zu beobachten, etwa so, als ob Sie sie durch eine Lupe betrachten würden: »Aha, da ist ein Gefühl von Neid / Angst / Traurigkeit.«

Sie müssen jedoch nicht einmal wissen, um welches Gefühl es

sich genau handelt. Wichtig ist, dass Sie es bewusst wahrnehmen. Bemühen Sie sich nicht, es zu benennen, lassen Sie es ruhig namenlos. (Natürlich wissen Sie manchmal trotzdem, um welches Gefühl es sich handelt.)

Mit dem Benennen geht oft ein gewohnheitsmäßiges Verurteilen einher, und damit sind wir sofort in das Ego verwickelt. Die Einteilung in ›Gut‹ und ›Schlecht‹ beginnt mit dem Benennen. Jeder Versuch, eine Gefühlsregung unbedingt zu benennen oder weiter zu analysieren, hält Sie davon ab, sie einfach nur wahrzunehmen. Wenn Sie etwas nicht benennen, gibt es kein Verurteilen, und wenn es kein Verurteilen gibt, gibt es nur Wahrnehmen. Das vereinfacht die Sache erheblich und ist ein wunderbarer Schritt von der Dualität in Richtung Einheit.

Beobachten Sie auftauchende Emotionen in Ihrem Inneren, ohne sie zu verurteilen, ohne sie ändern zu wollen, ohne zu analysieren und auch ohne in sie einzutauchen. Bleiben Sie bewusst, und nehmen Sie sie schlicht wahr. Das genügt.

Um Ganzheit zu erfahren, ist es erforderlich, *alle* Gefühlsregungen als gleichberechtigten Ausdruck des Lebens wahrzunehmen, statt bestimmte Gefühle zu bevorzugen und andere auszugrenzen.

Beide Methoden, die Frage- und die Beobachtertechnik, bewirken, dass man das jeweilige Gefühl aus einer Distanz wahrnimmt, statt sich in die Emotion verwickeln zu lassen. Das führt zu einer Des-Identifikation: Gefühle finden statt, ohne dass Sie die Gefühle sind.

3. Fühlen

Falls Sie bereits in ein intensives Gefühl wie etwa Angst, Wut oder tiefe Traurigkeit verwickelt sind, ist ein distanziertes Beobachten kaum noch möglich. In diesem Fall kann die folgende Methode helfen.

Oft ist es die *Intensität* eines Gefühls, die uns Angst macht. Problematisch ist, dass der Widerstand gegenüber einem unerwünschten Gefühl es festhält oder sogar verstärkt. Dann können zusätzlich Angst vor der Angst, Wut über die eigene Wut etc. entstehen (zum Beispiel weil man gelernt hat, dass ein ›guter‹ Mensch nicht wütend ist).

Um diesen Kreislauf zu durchbrechen, ist es oft hilfreich, sich dem Gefühl mit voller, ungeteilter Aufmerksamkeit *zuzuwenden* und es bewusst zu spüren. Diese Zuwendung wirkt häufig erlösend.

Unterbrechen Sie hierfür jegliches Tun. Statt vor dem intensiven Gefühl durch Gedanken, Gespräche oder anderweitige Ablenkung etc. zu flüchten, bleiben Sie bewusst still und möglichst auch reglos sitzen. Stellen Sie sich die Frage: *Was ist da?* Betrachten Sie es als ein interessantes Experiment und richten Sie all Ihre Aufmerksamkeit auf das vorhandene Gefühl.

Atmen Sie bewusst tief und regelmäßig und spüren Sie: *Wo im Körper sitzt das Gefühl? Wie fühlt es sich an?* Erforschen Sie es! Fühlen Sie die Energie der Emotion, *ohne sie wegzuwünschen oder verändern zu wollen.*

Frieden erwächst aus dem So-sein-Lassen, aus dem schlichten Wahrnehmen und Spüren. Falls Widerstand auftaucht, bemerken Sie, dass Widerstand da ist und wie sich dieser Widerstand anfühlt.

Achten Sie darauf, nicht in Gedanken abzuschweifen, bleiben Sie beim *Fühlen.* Wenn ein Gedanke aufblitzt, bemerken Sie ihn kurz: »Gedanke!«, und richten Sie Ihre Wahrnehmung dann wieder ganz auf das Fühlen.

Es können nacheinander verschiedene Gefühle auftauchen oder auch mehrere Gefühle gleichzeitig da sein. Fühlen und erfahren Sie immer das, was gerade auftaucht. Umarmen Sie alles, verurteilen Sie nichts. Umarmen bedeutet So-sein-Lassen, Da-sein-Lassen, Raum-Geben. Ihre Umarmung ist so umfassend, dass alles darin Platz hat. Taucht ein neues Gefühl auf, weiten Sie Ihre Umarmung einfach ein wenig aus, und umarmen Sie es ebenfalls. Sie sind nicht das Gefühl, sondern die umarmende Wahrnehmung dessen, was da ist.

Wenn zwischendurch Phasen der Stille entstehen oder ein Gefühl verschwunden ist, denken Sie nicht darüber nach. Versuchen Sie auch nicht, Stille oder inneren Frieden zu erzwingen. Ein anderes Gefühl oder einen anderen Zustand erreichen zu wollen, als den aktuell gerade vorhandenen, führt nur zu innerer Spaltung. Auch etwas zu tun (beispielsweise diese Übung), mit der Absicht, *etwas anderes erreichen zu wollen* (zum Beispiel inneren Frieden), ist wieder eine Strategie des Egos.

Tor zur Freiheit ist das urteilslose, anstrengungslose Wahrnehmen des jeweiligen Gefühls, ohne etwas zu wollen. So gelangen Sie in Kontakt mit der göttlichen Präsenz in Ihrem Inneren, und in dieser Präsenz lösen sich alle Gegensätze, Widersprüche und alles Leid auf.

Stille bleibt.

4. Gebet

Die ehrliche Erkenntnis, an die Grenze der eigenen Kraft gelangt zu sein, ermöglicht Hingabe, sodass die göttliche Kraft und Gnade fließen können. Oft ist es hilfreich, sich bewusst an die göttliche Quelle zu wenden, etwa mit einem Gebet wie: *Göttliche Quelle, bitte hilf mir! Lass dein Licht jetzt zu mir strömen und erfülle mich mit deiner Kraft / deinem Licht.*

Aufrichtige Hinwendung zum Göttlichen löst eine innere Bewegung vom Ego in Ihr wahres Selbst aus, das allliebend gegenwärtig ist als Quelle von Weisheit.

Wenn Ihre innere Führung Ihnen rät, in emotionalen Krisen professionelle Hilfe zu suchen, folgen Sie diesem Impuls. Äußere Hilfe und innere Arbeit schließen einander nicht aus, sie können sich wunderbar ergänzen.

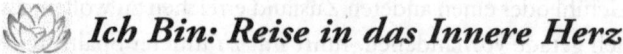 **Ich Bin: Reise in das Innere Herz**

DIALOG MIT GOTT:

»Wie kann ich, wenn Leid, Schmerz und Angst da sind, in meiner Mitte, in der Wahrheit dessen, was ich bin, verankert bleiben?«

»Nur, indem du nach innen gehst, durch die Schatten der Illusion und Angst hindurch, bis du den innersten Kern deines Seins erreichst, das wie ein helles Licht leuchtet – so als ob du in der Dunkelheit auf einen Lichtpunkt zugehst.

Wo findest du dieses Licht in dir? Es ist in deinem Herzen. Dort sind die Erinnerung und das Wissen um deinen Ursprung. Dieses Wissen ist in deinem gesamten Sein, in allen Zellen gespeichert, doch das Herz wirkt wie eine Schaltzentrale.

Wenn du von Angst, Verzweiflung oder Trauer überwältigt wirst, suche einen ruhigen Ort auf und lass dich mit einigen Atemzügen nach innen in dein Herz, in dein wahres Selbst hineinsinken. Oder bitte die Engel oder dein göttliches Selbst, dich in dein innerstes Herz zu führen, und es wird geschehen.

Und wenn du dann den Frieden spürst oder das Licht oder die Kraft – wie auch immer dein göttliches Selbst sich dir zeigt –, dann vergegenwärtige dir: ICH BIN, DAS ICH BIN.

Lasse diese Gewissheit, diesen Frieden, diese Klarheit deines strahlenden ICH BIN sich von deinem Herzen wie Wellen ausbreiten, in alle Zellen deines gesamtes Seins. Das Bewusstsein deiner ICH-BIN-Präsenz, was nichts anderes ist als deine Göttlichkeit, vertreibt alle Schatten aus deinem Inneren.

Halte die Bewusstheit des ICH BIN aufrecht, indem du dich wieder und wieder daran erinnerst und so diese Schwingung lebendig erhältst. Nichts ist stärker als die reine Kraft der ICH-BIN-Präsenz, denn sie ist der Ausdruck der Quelle selbst.«

 **Gebete**

Gebet um Wahrheit

Gott / göttliche Quelle / Christus,
bitte zeige mir den Weg in die Wahrheit,
jenseits der Illusion.
Danke.

Gebet um göttliche Führung (1)

Lieber Gott / göttliche Quelle / Christus,
bitte hilf mir, dich und deine Botschaften
wahrzunehmen und zu verstehen.
Hilf mir, die Wahrheit zu erkennen
und mein Leben in Übereinstimmung
mit dir zu leben.
Hilf mir, das Höchste und Beste zu sein,
das möglich ist.
Bitte leite und führe mich.
Danke!

Gebet um Heilung

Lieber Gott / Christus / Heiliger Geist,
bitte heile jetzt auf allen Ebenen,
in allen Räumen, Zeiten und Dimensionen
jede Spaltung in mir
und bringe mein gesamtes Sein
in Übereinstimmung
mit der göttlichen Liebe,
der göttlichen Reinheit,
der göttlichen Klarheit,
dem göttlichen Frieden,
der göttlichen Freude und
dem göttlichen Bewusstsein.
Danke.

Gebet um Wunscherfüllung

Lieber Gott / Christus / Engel,
ich bitte um ... [Ihr Wunsch].
Falls aus deiner Sicht etwas anderes
noch besser für mich ist,
dann gib mir das.
Dein Wille geschehe,
auf höchste und beste Weise.
Danke!

Gebet um inneren Frieden

Gott, bitte hülle mich in deinen Frieden ein
und schenke mir … [Klarheit / Zuversicht / Kraft …] *
Danke.

Gebet um göttliche Führung (2)

Göttliche Liebe, leite und erfülle mich;
Göttliche Klarheit, leite und erfülle mich;
Göttliche Freude, leite und erfülle mich;
Göttliche [Weisheit / Kraft / Inspiration …] *,*
leite und erfülle mich jetzt.
Danke.

Gebet um Segen

Gott / Göttliche Quelle / Christus,
bitte segne diese Situation.
Segne mich und alle Beteiligten mit Frieden
[Liebe, Zuversicht …] *
und heile die Situation zum höchsten Wohle
aller Beteiligten.
Danke.

---

* Setzen Sie hier den Begriff ein, der Ihnen am meisten entspricht.

Nachwort

Dies also waren meine Unterhaltungen mit Christus und Gott.
Ob ich es tatsächlich so erlebt habe? Ja, dies ist keine erfundene
Geschichte. Die Gespräche und Begegnungen haben sich tatsäch-
lich so in meinem Leben ereignet. Ich bin unendlich dankbar für
die segensreiche, transformierende Wirkung, die sie auf mein
Leben und Sein entfaltet haben. Mir wurde ein unschätzbarer
Reichtum zuteil. Dieser Schatz wartet auf jeden, der sich aus gan-
zem Herzen auf den Weg macht.

Ursprünglich hatte ich vor, dieses Buch unter einem Pseudo-
nym zu veröffentlichen, weil die Fragen, die ich stellte, und die
Antworten, die ich erhielt, sehr persönlich waren. Als ich Gott dazu
befragte, stellte er mir die Entscheidung vollkommen frei, wies jedoch darauf hin: »Die Zeit heute braucht Menschen, die sich zu
einer innigen, unkomplizierten und freudigen Beziehung mit mir
bekennen, die dafür einstehen, sie bejahen und dadurch anderen
Menschen Mut machen und den Weg weisen in dieselbe freudige
Beziehung mit mir. Jeder, der es möchte, kann mit mir sprechen.«

Der Kontakt mit Gott kann sich bei Ihnen jedoch in ganz anderer Form ereignen, denn es geschieht jeweils so, wie es den individuellen, kulturellen und seelischen Neigungen des Einzelnen entspricht. Lassen Sie sich überraschen und bleiben Sie offen, denn
die Art, wie, wann und unter welchen Umständen ein solcher Kontakt stattfindet, liegt jenseits Ihrer Kontrolle.

Während sich manche Menschen dem Göttlichen lieber in einer
bestimmten, verkörperten Form nähern, fühlen andere sich mehr
von dem namenlosen, transzendenten Göttlichen angezogen.
Doch in welcher Art auch immer – das Herz erkennt und fühlt die

Essenz sofort. Entscheidend für den Kontakt mit der Quelle ist die starke Sehnsucht danach – sie ist der Katalysator, der die ganze Sache ins Rollen bringt.

Die vorliegenden Gespräche erstreckten sich über einen längeren Zeitraum. Wann sie sich ereigneten, war für den Verstand nicht vorhersehbar, es geschah spontan. Erwartungslose Offenheit und Hingabe bei gleichzeitig intensivem Verlangen nach dem Göttlichen öffnen dafür die Tür, jegliches Erzwingen-Wollen ist dagegen hinderlich.

Später, als das Herz eingestimmt war, machte ich die Erfahrung, dass es auch möglich war, durch gezielte Fragen ein Gespräch mit Christus oder Gott einzuleiten.

Phasen des intensiven Kontakts wechselten sich mit Phasen ab, in denen ich jegliche Verbindung zum Göttlichen verloren zu haben schien. Dieses Auf und Ab scheint jedoch in der menschlichen Natur zu liegen, und am besten begegnet man dem mit Gelassenheit, denn Gott ist selbstverständlich immer da, auch wenn wir ihn gerade nicht wahrnehmen.

Beileibe nicht alles, was mir in diesen Gesprächen gesagt wurde, konnte ich sofort umsetzen. So manches vergaß ich ein paar Tage später wieder. Einiges begriff ich überhaupt erst Jahre später wirklich, und auch heute noch vergeht kein Tag ohne Entdecken und Wachsen.

Allmählich begannen die Erkenntnisse, mein Sein und meine Art, das Leben zu betrachten, zu verändern, und das war der Auftakt zu einer wunderbaren Freundschaft mit dem Dasein. Ich fand eine tiefe Gewissheit, ein Wissen, das durch alles hindurch leuchtet, und das hat die Art und Weise vollkommen verändert, wie ich das Leben nun erfahre. Spielte sich das Leben zuvor quasi innerhalb einer Nussschale ab, die irgendwo auf dem Ozean schwamm, ist nun die grenzenlose Dimension des Ozeans selbst hinzugekommen. Diese Grenzenlosigkeit ist unsere wahre Natur.

Selbstverständlich werden Sie eigene Fragen haben, die vielleicht in diesem Buch unbeantwortet geblieben sind. Nehmen Sie das als

Ansporn, sich selbst an Gott zu wenden. Stellen Sie *Ihre* Fragen. Denn der Lebensweg eines jeden Menschen ist einzigartig, und so fallen auch seine Antworten individuell aus, wenngleich auch manches für alle Menschen gleichermaßen zutreffen mag.

Da sich das Bewusstsein eines jeden mit fortschreitender Erkenntnis stets weiterentwickelt, verändert sich auch die eigene Perspektive. Immer wieder offenbart sich eine weitere, ungeahnte Dimension, Schleier um Schleier lüftet sich, bis das allem zugrunde liegende EINE sichtbar wird.

Diese Reise ist ein großartiges, endloses und überaus lohnendes Abenteuer. Wenn Ihr Herz Sie aus der Tiefe ruft, folgen Sie diesem Ruf. Es führt Sie auf den Weg zum größten Schatz.

Anmerkungen

1 Anstelle des Begriffs »Gott« kann man ebenso »Quelle«, »Seele«, das »wahre Selbst« u. a. Worte wählen. Jenseits aller Begriffe ist Eine Essenz.

2 DVD: *Die Prophezeiungen von Celestine*, 2008. Verfilmung des gleichnamigen Romans von James Redfield.

3 *Ein Nachmittag im Park* von Julie A. Manhan, in: *Hühnersüppchen für die Seele*, Jack Canfield & Mark Victor Hansen, Goldmann Verlag, 11. Aufl. 2002.

Anmerkungen

Inspirierende Zitate

»*Dass man mit Gott sprechen kann, ist eine feststehende Tatsache.*«
(Paramahansa Yogananda, in: Zwiesprache mit Gott, Perlinger Verlag, 1990, S. 7)

»*Denn sehet, das Reich Gottes ist inwendig in euch.*«
(Lukas 17, 20-21, Fassung Lutherbibel, 1912)

»*Ich und der Vater sind eins.*«
(Joh. 10, 30, Luther 1912)

»*Er ist der Eine, der als viele erscheint, den Kosmos umschließend, ohne Anfang oder Ende.*«
(Shvetashvatara-Upanischad, V, 13, in: Die Upanischaden, Eknath Easwaran, Goldmann, 2008)

»*Wo alles als eins gesehen wird, kehren wir zum Ursprung zurück und bleiben da, wo wir immer waren.*«
(Seng-Ts`an, in: Weisheit des Zen, Timothy Freke, O.W. Barth, 1998)